人生的痛，其實沒有那麼苦

世界不像預期，「**靜觀**」其變，重整生活

新生精神康復會　著

目錄

目錄

序一

張妙清教授，SBS, OBE, JP
新生精神康復會會長 香港中文大學心理學榮休教授

自二零一九年年底新冠肺炎爆發以來，在世界各地均造成很大的衝擊，香港人的壓力和情緒不斷累積，精神健康備受關注。這些突如其來的困難，正好告訴我們世界往往不像我們預期，有時更會讓我們措手不及，造成情緒上的困擾，影響身心靈健康。

新生精神康復會（新生會）於一九六五年正式成立，是一間專注發展精神健康服務的非牟利慈善機構。55 年來，新生會致力為精神病康復者及他們的家人提供多元化的優質服務。過去十年，新生會倡導「復元為本」，讓康復者重新認識自己，建立正面的自我形象及重過有尊嚴的生活。與此同時，新生會亦重視向市民大眾推廣結合身、心、靈的精神健康，並於二零一一年創立「330」品牌，借用 330 的廣東話諧音，把「身、心、靈」轉化為 330，加強推廣身、心、靈整全健康。

二零一五年開始，新生會推行 newlife.330 計劃，為公眾人士提供一系列以靜觀（mindfulness）方式進行的身心靈健康活動，包括網上練習、工作坊及訓練課程。顧名思義，「靜觀」是「靜」心「觀」察。在進行靜觀練習時，可集中注意力在當下一刻，以非批判性的方式覺察自己的感受及情緒，藉此提升 330 健康。

在二零一九年初，新生會推出「dayday330」，鼓勵每個人每天做一些自己喜歡做的活動，例如進行靜觀呼吸練習、聽音樂、散步等，作為一個「330 小休息」（330 micro break），培養以正向心理關心自己 330 的習慣。在進行「330 小休息」時，新生會亦鼓勵大家以靜觀方式進行。

新生會很高興能參與這本書的創作，讓同事有機會分享服務精神病康復者及推廣公眾精神健康的一些經驗點滴。此時此刻，全世界都在為抗疫而努力，新生會希望藉著這本書與大家一同以靜觀的態度關心自己的 330，一同克服逆境，好好生活。

最後，我借用《大學》中的「知止而後有定，定而後能靜，靜而後能安，安而後能慮，慮而後能得。」與大家共勉；希望大家保持身心靈（330）健康、「靜觀」其變，及重整生活。

序二

——黃耀光先生
美國麻省大學醫學院靜觀中心 MBSR 合資格導師

從二零一九踏入到二零二零年，國際局勢上風起雲湧，氣候上變化萬千，冰川解凍，天火重重，水災百年難遇年年遇，怒號與疫情也遍佈全球多處，似乎港人原來習慣的穩定與健康，一切都已存在不可預料的變數之中。在這段時間中，作者以「在困難時靜觀其變，重整生活」出版新書，實在有如甘露遍灑，有其迫切性及必要性。

在過去數年間，與作者共同以「靜觀」主題作出各種活動推動到香港坊間，已經合作無間，其中包括了公開大型推廣活動、深入的八週訓練課程、教師培訓、各類機構員工提升培訓等，也運用到 MBSR、靜觀進食、靜觀頌鉢音聲減壓、330 正念球及正念瑜伽等多元方法，直接或間接運用了書中所提及正式練習及非正式練習的技巧，亦由此經驗所得，令我們深信能給予大眾在此困難時期中所能產生的幫助。

「靜觀」Mindfulness 其實在過去 40 年間於公共衛生、西方的臨床心理干預中得到了廣泛運用，而在西方文化思潮一直佔據主導地位的心理健康領域，這顆來自東方文化傳統的明星亦正冉冉升起。由於靜觀訓練有助紓緩壓力、調節情緒，甚至增強個體的免疫系統，平和心境應用於壓力相關障礙，如抑鬱症、癌症病人等，都能改善他們的情緒和心境，並且取得大量的研究實證，全球已經有超過 700 間醫院或診所用上了正式的靜觀培訓。

雖然靜觀已經普及到商界、醫學界或矽谷等高端行業，但正如當代靜觀之父卡巴金教授（Jon Kabat-Zinn）和靜觀認知療法創立人馬克・威廉斯教授（Mark Williams）等指出，靜觀實際是一種實踐之道，而非一種時尚的風潮、一種美好的觀念或是一些有效的應用技巧，它應是一項讓我們達到真正幸福的生活方式。它的正式練習有著數千年的歷史傳承，通常被認為是佛教禪修的核心，不過其根本內涵，即專注力 Attention 和覺察力 Awareness 卻是普世觀念。應用到非宗教性的靜觀有著它獨特的魅力及神韻。

正式實踐的意義是十分重大的，所以具體訓練必須在良好的指導下進行，但一本連貫而生動有趣、深入淺出的學習叢書亦十分重要。本書有著本地需求及舉例，故事有趣活潑，引導深入淺出，定能給予大家明晰的滋養，並剖析出一些我們在生活中極易進入誤區的思想或行為模式，而這些我們意識不到存在著的模式，會迷惑並且禁錮我們的思想行為。透過靜觀的覺知和洞察，當會逐漸走出「苦」的套路。

願大家在每一分每一秒都能活在當下，安然接納不可預料的變化，記得少年時聽過一首歌詞，當中有一句「知否世事常變，變幻原是永恆」。月缺後自會重圓，與大家共分享。

前言

在香港長大的，總會在中學時讀過：「人有悲歡離合，月有陰晴圓缺，此事古難全。」想當年的您，或許一邊預備背默這首詞，一邊在心中咒罵著古人留下這段文字，剝奪了您打機玩樂或與好友共聚的權利。但如今，在人生的旅程上有了歷練，遇到過不同程度來自工作、家庭、學業或經濟上的困難，再重讀這首《水調歌頭》，或許會有與當年不一樣的體會。

的確，人生充滿著困難。有些困難是短暫的、可以即時解決的，有些則會纏繞好一段時間，而且可能不是我們能力範圍內能夠逃避或解決。有時候，這些困難會影響我們的情緒，造成極大的困擾。難怪無論是古代的詩詞，還是陪伴我們成長的流行曲，很多都以人生的困苦為主題，好讓聽者能從中得到一點共鳴。

年紀較輕的您，可能會從「假使世界原來不像您預期 仍懷著一顆謙卑 來面對不安的天氣」[1]或是「水點將苦與樂連結 交織一生渴望與心跳」[2]得到安慰。有著較多人生歷練的您，或許更喜歡「斜陽裏氣魄更壯 斜陽落下心中不必驚慌」[3]，或是「春風一吹草再甦 永遠不見絕路」[4]。面對生離死別的您，或許會反覆地聽著「祈求舊人萬歲 舊情萬歲 別隨便老去」[5]或是「來又如風

離又如風 或我亦不應再這般心痛」[6]。在學業或事業上面對挫折，可能會從「多少次迎著冷眼與嘲笑 從沒有放棄過心中的理想」[7]或是「這發熱汗腺 也都乾透了 雙腿卻繼續狂放 在衝出那人浪」[8]得到激勵。面對著香港過去的重大變遷，您或許會想到「多經典的歌后 一霎眼已走 世事無常還是未看夠 還未看透」[9]和「面前疾風 冰冷面孔 都抵不上這夜迎面抱擁」[10]。

在歌曲中找到慰藉，讓我們有著再走下去的勇氣，這是非常重要的。但除此之外，我們也需要學習如何在困苦中自處。

近年來，本地和世界各地都有很多人練習靜觀。雖然靜觀不能幫助我們直接解決困難，但很多持續地練習靜觀的人都發現：靜觀有助我們學習以接納的心與困難共處，減少因抗拒它而產生的苦。也能讓我們在困難中更看清楚當下的狀態，覺察自己固有的思維習慣如何影響自己，然後作出更合適的決定去應對當前的困難。

這本書特別為著在香港成長，又對靜觀感興趣的您而編寫。盼望文章內所引用的歌詞，能引起您的共鳴。更希望書中有關靜觀與困難的分享、不同的靜觀練習，以及在困難中照顧自己身心靈的小建議，能在您這「不像預期」的人生中帶來一點點的改變。

1 歌曲：《假使世界原來不像你預期》；詞：方皓玟；曲：方皓玟；主唱：方皓玟

2 歌曲：《點滴》；詞：Supper Moment；曲：Supper Moment；主唱：Supper Moment

3 歌曲：《前程錦繡》；詞：盧國沾、曲：小椋佳；主唱：羅文

4 歌曲：《喝采》；詞：鄭國江；曲：陳百強；主唱：陳百強

5 歌曲：《青春常駐》；詞：黃偉文；曲：張敬軒 /Johnny Yim；主唱：張敬軒

6 歌曲：《如風》；詞：林振強；曲：張宇；主唱：王菲

7 歌曲：《海闊天空》；詞：黃家駒；曲：黃家駒；主唱：黃家駒

8 歌曲：《發現號》；詞：6 號（RubberBand)/Tim Lui；曲：偉 / 正 / 藝琛 @RubberBand；主唱：RubberBand

9 歌曲：《夕陽無限好》；詞：林夕；曲：Eric Kwok；主唱：陳奕迅

10 歌曲：《同步過冬》；詞：甄健強；曲：方樹樑；主唱：群星

第一章

天氣不似預期……

人生不如意事十常八九，沒有人能免疫於生命的困苦。而困難往往會出其不意，突如其來，令我們不知所措。找尋實際的方法去應對困難固然是重要的，可是很多時困難並非一時三刻就可以解決。這些時候，調整看待困難的心態，或許更為重要。

1

撞進了冰山，捲上了急灣

困難不能避免，但可用更好的方式面對

數年前的電影《尋找快樂的 15 種方法》（*Hector and the Search for Happiness*），講述工作順遂、感情穩定、看似是人生勝利組的心理醫生海特（Hector），為了尋找幸福和快樂的真意而展開一趟一個人的旅行。在旅程中，他認識了很多新朋友，還遇見了一些老朋友及前度女友。期間他將自己的體悟記錄在筆記裡，成為尋找快樂的秘訣。直至他聽了他的大學教授在課堂上的一番話，才對快樂有了不同的領會。

教授的說話大意是：「我們很多時為了尋求快樂而費盡心思，但愈著重追求快樂，快樂反而離我們愈遠。事實上，當我們忙於別的事情時，往往忽略了只要專注在當下的事情上，就能感受到快樂。所以，快樂是生活的副產品，我們不應該只顧尋找快樂，而忽略了體驗生命歷程裡的各種快樂。」

這個世界有很多追尋快樂的方法，但為甚麼我們仍然不快樂？可能因為我們已掉進「快樂陷阱」。接納與承諾療法（Acceptance and Commitment Therapy, ACT）[1]的英國心理學家羅斯．哈里斯博士（Dr. Russ Harris），在他的著作《快樂是一種陷阱》（*The Happiness Trap*）[2]中指出四種常見的快樂陷阱：一、認為快樂就是人生常態；二、有不快樂的情緒就代表自己不正常；三、覺得要過美滿人生就必定要消滅所有負面感覺；四、妄想自己可以完全控制自己的思想和情緒。哈里斯與電影中的教授看法一致：愈是努力追求快樂，反而離快樂愈遠。

不同的宗教、哲學、心理學說都提醒我們，苦（suffering）本是人生的一部分。有生命就有痛苦，沒有人可以擺脫生老病死的桎梏，就算是自己多重視的感情或事物，始終都會有失去的一天。每個人都無可避免會經歷痛苦的想法與感覺，只是形式未必相同。因此，面對困難時，我們先要放下執著，放棄追求一個只有快樂沒有痛苦的人生。學習放下抗拒、逃避困苦的心態，與困難共處。同時學習活在當下，就好像《尋找快樂的15種方法》的建議，透過專注在當下的事情上，讓快樂在生活中呈現，我們便會更容易感受到快樂。

在人生的旅程上，我們會遇上多少座冰山、多少個急灣？沒有答案。只知道每個人在生活中，難免會有一些磕磕絆絆。俗語有云：「人生不如意事十常八九」，大部分人的一生並非事事順暢，總會在人生不同的階段遇上不同程度的困難，可能與工作、感情或經濟有關，可能要面對家庭突變或身體疾病等。與其視這些困難為人生路上的絆腳石，千方百計去逃避它，倒不如把它們當成是人生路上的墊腳石，讓我們學習在困難中成長。雖然我們無法避開痛苦，卻可以學習以更好的方式去面對。

很多人都會認為美滿人生應該是無風無浪，一片康莊大道。以這種「應該」的態度去看人生，或許就是令我們在困難中苦上加苦的源頭。試想想，如果我們滿以為道路應該平坦無阻，那麼即使路上只出現一顆小碎石也會顯得格外礙眼。路如人生，充滿痛苦和難關，面對苦難的態度直接影響著過程和結果。學會接納遭遇、體驗和限制，才會看到真正的出路，改變才會發生。

因此，就算您現在對人生感到失望，但請不要絕望，只要我們帶著接納的態度向前，「終會踏足這峽灣」[3]。

1 接受與承諾療法（Acceptance and Commitment Therapy）是由美國內華達大學臨床心理學教授史蒂芬・希斯（Steven C. Hayes）及其同事發展出來的新一代心理治療方法，當中應用了各種接納（acceptance）、靜觀（mindfulness）、承諾（commitment）與行為改變策略，最終希望增加個人的心理彈性，讓自己可以從不同角度檢視自己的問題，透過觀察、接納，以及認清自己的價值觀，然後作出合乎個人價值觀的選擇，並全力以赴地將其付諸行動，面對自己的問題。

參考資料：

Harris, R. (2011). Embracing your demons: An overview of Acceptance and Commitment Therapy. *Psychotherapy*. Retrieved from https://www.psychotherapy.net/article/Acceptance-and-Commitment-Therapy-ACT#section-the-goal-of-act

2 羅斯・哈里斯著，張美惠譯（2009）：《快樂是一種陷阱》。台北：張老師文化

湯國鈞、姚穎詩、邱敏儀著（2010）：《喜樂工程：以正向心理學打造幸福人生》。突破

3 歌曲：《發現號》：詞：6號（RubberBand)/Tim Lui、曲：偉／正／藝琛 @RubberBand、主唱：RubberBand

2

惶惶不安，念念不忘，
還是得放開雙掌

放下執著，活得更自在

可能大部分人都聽過這個成語故事：

從前，一個住在塞外的人很會養馬，大家都叫他做塞翁。有一天，他有一匹馬走失了，鄰居知道後都來安慰他，塞翁卻說：「怎知道這不是福氣呢？」幾個月後，失馬竟然懂得回來，還帶來另一匹胡地的駿馬。鄰居知道了，都說塞翁幸運，他卻說：「怎知道這不會是禍呢？」後來，塞翁的兒子騎著這匹胡地來的駿馬時不慎墮馬，摔斷了腿，這看似是禍害，然而卻讓他逃過了兵役，保住了性命。

——《淮南子・人間訓》「塞翁失馬，焉知非福」

人生本無常，禍福全由天，最重要是我們要明白所有事情都會改變的——快樂會過去，痛苦也會過去。法國十九世紀著名作家巴爾扎克（Honoré de Balzac）說過：「人生是各種不同的變故、循環不已的痛苦和歡樂組成的。那種永遠不變的藍天只存在於心靈中間，向現實的人生去要求未免是奢望。」人生本來就是由一連串的痛苦和歡樂所組成，而且當中充滿變化。我們和塞翁一樣，沒有辦法去掌控生活中所發生的一切，但是我們有能力去改變自己的心態。

在節奏急速的生活中，有時候我們活得像一架自動駕駛的汽車——在「自動導航」下，我們很容易會慣性地、不加思索地對我們著緊的事物作出反應：

- 遇到美好的經歷，我們可能會貪戀、想抓住不放，或者會因害怕失去而惶惶不安；
- 面對渴望得到而又未得到的事物，我們或許會念念不忘；
- 遇著一些不愉快、我們不想要的經歷，我們可能會想趕走它、逃避它。

以上的反應，都是人之常情。尤其在順境時，我們有時真的能抓住美好的事物、不用失去，有些時候，真的能因我們念念不忘而鍥而不捨，最終得到所渴望的事物。也可能因著我們用心去改變現況，令自己不用每時每刻都面對著令我們厭惡的事物。

可是，天氣總是不似預期，而我們很多時都在不可行的情況下依然執著於以上的反應。

就好像是明明已經失去了，我們仍然過分執著地捨不得；明知現實就是求不得，但仍不肯放下，去另尋目標；又可能是明知怎樣都避不開，但就是不肯接受現實，不願意面對。這些執著令我們煩上加煩，心情更差，在痛之上製造更多苦。

我們常說「痛苦」，其實「痛」和「苦」是否存在必然的關係呢？「痛」是面對不愉悅經歷的自然反應，「苦」卻是內心的感受，當中包涵了我們對不愉悅經歷的理解及情緒。我們可以用以下的方程式去理解「痛」和「苦」的關係：

痛 × 抗拒心＝苦

試想想，當我們留意到身體出現痛楚，心中會否出現希望立刻離開現有境況、想將痛楚除之而後快的反應？這就是抗拒心了。抗拒心愈大，而痛楚又揮之不去，苦就會更加強烈。如此，我們就在痛之上，加上一層又一層的苦。這方程式不單可以應用在身體的痛，也可以應用在困難之上。面對困難時，抗拒心愈大，而所面對的困難又非一時三刻可以解決，苦就會更加強烈。有時候生命丟給我們的沉痛難題是我們無法逃避的，我們只可以選擇是否要為自己加上額外的苦。

練習靜觀[1]的目的，就是讓我們加強覺察力，培養我們仔細覺察每一刻的身體感覺、情緒和想法。看清當下此刻的身心狀態及當前的境況後，當我們處理問題時，就可以作出更合適的選擇，避免陷入舊有的思維習慣，重蹈覆轍。

同時，練習靜觀也提供一個機會，讓我們帶著好奇、關懷自己的心去覺察當下，不需刻意追求達到自己想要的結果或狀態（無強求，non-striving），並學習凡事順其自然，放下執著（放下，letting go）。當遇到愉悅的經驗要失去時，我們學習去留意那不願失去的「痛」，同時接納這份「痛」是人之常情，學習放下想要留戀著這愉悅經驗的執著。面對改變不了的不愉悅經歷，學習與這份「痛」好好地相處，學習不去強求要推走它們。如此，我們能在「痛」之中，活得自在一點。

所以，無論我們是「惶惶不安」，或是「念念不忘」，「還是得放開雙掌」[2]，放下執著，才能讓我們從容一點，撐過困難的時刻。

---

1 根據「靜觀減壓課程」創始人卡巴金博士（Jon Kabat-Zinn），把靜觀（Mindfulness）定義為「有意識地、不加批判地、留心當下此刻所升起的覺察，藉以了解自己，培育智慧與慈愛。」過去三十多年，靜觀被醫學及心理學界廣泛應用，不同的科學研究和臨床實驗經已顯示，靜觀練習對不同的身心靈健康範疇都有幫助，包括減壓、專注、改善人際關係和提升幸福感等。

參考資料：

1. Segal Z., Williams, J. & Teasdale, J. (2013) *Mindfulness-Based Cognitive Therapy for Depression 2nd Edition*, The Guilford Press
2. 「靜觀認知治療法」課程資料，馬淑華博士

2 歌曲：《轉眼》：詞：阿信：曲：石頭：主唱：五月天

3

沒有不會好的傷，沒有不會淡的疤，沒有不會停下來的絕望

沒有甚麼是永遠的，包括痛苦

好一句「撐過困難的時刻」，可是在困難之中，我們總覺得這個痛苦時期會永恒存在。然而，這個想法是事實嗎？

從前，一位聰明的猶太國王出了一道難題給他的大臣，想要作弄對方。國王要求大臣於六個月內去找一隻能令快樂的人憂傷、令憂傷的人快樂的戒指。面對這不可能的任務，大臣整整六個月都愁眉深鎖。直到限期前一天，大臣再次走到市集向各位有名的珠寶工匠求助。王國內所有知名的工匠已被這個著急的大臣煩擾了半年，因此遠遠見到他出現，所有工匠都立即關上門。絕望的大臣一無所獲，垂頭喪氣地準備回去。一轉身，大臣看見一位不知名的珠寶工匠在街角的小店內專注工作。「那些知名的工匠都幫不上忙，這人會幫到我嗎？」大臣懷疑，可是這是最後的希望了，於是他走上前，問他有沒有這樣的一隻戒指。

「有呀！」珠寶工匠說。大臣喜出望外，但又半信半疑。直到工匠取出一枚戒指，大臣看到戒指內側刻著希伯來文「גם זה יעבור」，面上才掛上喜出望外的微笑。隔天的限期之日，國王及其他臣子等待著恥笑失職的大臣，可是當大臣呈上這隻戒指後，國王面色大變。戒指上那希伯來文翻譯成英文，就是「This too shall pass」，中文意思是「這，都會過去。」它提醒國王，以及我們，「變幻原是永恒」。所有愉悅的事物都不能長存，最終都會消失。所以，擁有一切又快樂過活的國王看到這句說話時會感到憂傷；同一時間，所有「痛」或不愉悅的事物也最終都會過去，所以真正明白這句說話的傷心之人，會因而感到釋懷。

的確，這個世界每分每秒都不停地改變，沒有任何事物是永恒不變的。試回想過去經歷過的困難，有多少已經不再困擾您？就算這刻我們面對著極大的困難，陷入了困局，好像無路可逃，但事情總會出現變化。「這，都會過去。」在等待困難事情出現轉變的過程中，除了學習放下執著之外，我們也可以好好照顧自己，儲備能量。在轉機到來之時，我們就更有力量去作出合適的應對。

國王的故事同時也提醒我們，帶來快樂的事情也不會恆久不變的。因此，我們遇到愉悅的事物的時候，也要記著「這，都會過去。」我們要好好珍惜，盡情、專注地去感受快樂，並帶著感恩之情去投入其中。同時間，也要提醒自己愉悅的事物是會過去的，有一天它真的消失了，也是自然的事，要放下對依戀的執著。

但我們都是人，人總有執著之時。在練習靜觀時，當留意到自己的心正在執著地要留戀愉悅的經驗，或正在執著地推走不愉悅的經驗，我們可以提醒自己儘可能放下這些執著，再帶著好奇心觀察內心如何改變。同時，接納自己的限制，接受自己會有放不下執著的時候。覺察到自己放不下，我們可以仔細地觀察這執著的心，好奇地、持續地看看這執著的心如何改變。是的，「這，都會過去。」那執著的心也會改變，我們可以去靜觀其變。

就如哈里斯博士所提到的「快樂陷阱」，追求恆久不變的快樂是自欺欺人的想法。同樣地，以為困難永遠都不會改變，也不過是在不愉悅情緒下衍生的想法，並不是事實。「沒有不會淡的疤，沒有不會好的傷，沒有不會停下來的絕望。」[1]無論我們經歷的是工作上的不如意、感情上的不順遂，或是人際關係或經濟上出現的問題，「這，都會過去。」

1 歌曲：《您在煩惱什麼》；詞：吳青峰；曲：吳青峰；主唱：蘇打綠

4

拼命去生存，轉化成靜觀過生活

人生總要經過高山低谷，善待自己，好好過生活

三十多歲的芷晴在銀行任職多年，每天上班時，經常覺得很累，精神恍惚，而且很容易發脾氣又健忘，晚上更是難以入睡或淺眠多夢。

芷晴的工作很繁忙，每天都有應接不暇的客戶及查詢，以及繁瑣而單調的行政工作。她很有責任感，所以總是對自己的工作訂立很高的要求，經常要自己在短時間完成，以顯示自己的效率。她也經常超時工作，或把工作帶回家繼續做。因此，她每天只有很少私人時間，回家吃過飯後，便低頭滑一下手機、玩遊戲或逛購物網站買東西。雖然她每晚都很想到健身室做運動，但總是以疲累為藉口打消念頭。

縱使身體很疲累，但腦袋仍然很活躍，芷晴每晚仍在想著未完成的工作，在床上翻來覆

去，好不容易睡著卻一直做夢。早上七時被鬧鐘吵醒，又是新的一天，再次拖著極度疲勞的身軀上班去。即使到了假日，芷晴仍是會用大部分時間來工作，沒有精神時間去做她喜歡的活動如打羽毛球、見見朋友及自製甜品等。終日營營役役，生活只剩下生存，連自己在追趕甚麼都渾然不知。

芷晴的情況可能是很多上班族的寫照。面對壓力時，我們很多時都會放棄一些自己享受但看似「可有可無」的事情，但這些正是滋養身心的活動。當我們每天在工作中不斷耗損，卻缺乏活動滋養自己，身心自然失衡，於是進入惡性循環，逐步出現睡眠問題、疲倦乏力、疼痛和痠痛、內疚、失去樂趣、抑鬱消沉等，最終就會枯竭耗盡，這個情況被稱為「枯竭耗盡漏斗」（Exhaustion Funnel）[1]。

[1] 枯竭耗盡漏斗

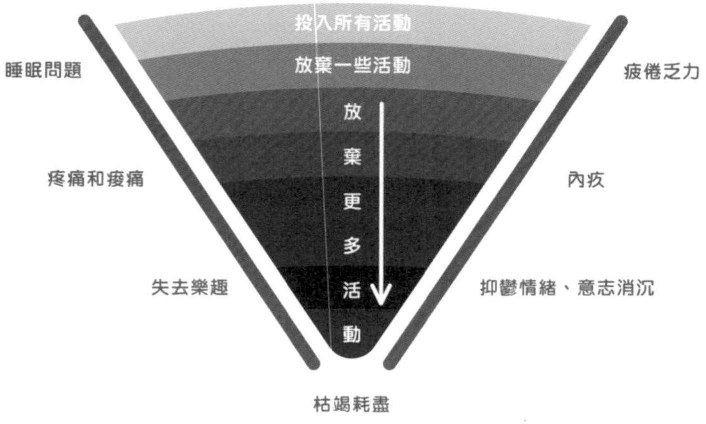

當我們面對困難而又未能解決的時候，我們很容易會因為沒心情而放棄進行滋養活動。這樣的確讓我們短時間內騰出時間心力去處理問題，但長遠卻可能會令低落的情緒持續走下坡，不斷流失可以儲備能量的滋養活動，讓生活愈來愈狹窄，更多的負擔與壓力導致嚴重的心力耗損，剩下的只有工作或其他壓力來源，耗損我們的能量。

如果今天您的困難還未過去，可以怎樣照顧自己走過這段低潮的時間？正如前文提到，在困難時候要好好照顧自己，儲備能量，準備在轉機來臨時作出合適的應對。有些時候，向可信任的人求助，或向專業人士尋求心理支援，讓別人分擔自己的困難，都是照顧自己的好方法。除此以外，我們不妨考慮重新檢視並重整自己的生活，透過**持續的靜觀練習**安住當下，靜心覺察此刻的身心狀態，並藉著**減少耗損活動**及**增加滋養活動**去加強敏銳覺察，調節情緒[2]。

1 持續的靜觀練習

透過持續做正式的靜觀練習，有助培養覺察力，了解自己此刻的需要，從而可以更妥善地照顧自己。在情緒低沉時練習靜觀，可以讓我們將注意力帶回當下，幫助我們穩定自己的心，迎向眼前的困難。

我們也可在任何合適的時間作非正式練習，在日常生活中多留意當下的動作、身體感覺、思想及情緒，把靜觀培養成一種生活態度。透過正式及非正式的練習培養靜觀，持之以恆，在生活中就更能體驗到靜觀帶來的改變；在面對困難或情緒低落時，就更能以靜觀的態度來應對。我們會在第二章〈苦中亦能笑著滿足〉，就持續的靜觀練習作更詳細的介紹。

2 減少耗損活動

「耗損活動」是指一些會減少自己活力、耗用能量的活動，例如每天駕車上下班，身體很疲累，若遇上塞車，心情便更煩躁。

這些耗損活動多是一些必須要做的工作或責任。我們可能會覺得「我也很想減少，只是身不由己。」「說減少便減少，談何容易？」……這的確不容易的，但就算是小改變，或許也能為困難中的自己減少能量的耗損。我們會在第三章〈苦上不添苦〉介紹一些好方法讓您參考。

3 增加滋養活動

「滋養活動」可以是一些愉悅活動，即是做完後會感到輕鬆和開心的；也可以是具掌控感的活動，即是做完會獲得成就感和滿足感的。在困難之時，我們可以儘量安排不同種類的滋養活動，並以開放好奇的心情、按部就班地去進行。每個人喜歡做的事情都不一樣，重點是嘗試擱下所有責任及工作，單純地享受這些自己喜歡的活動。

在困難之中要忙著去應對煩擾的事情，還有時間增加滋養活動嗎？其實有些活動並不需要很長的時間，但已足夠滋養困難中的自己。有研究顯示，進行「小休息」，可紓緩情緒、減少壓力，促進身、心、靈健康。只要在日常生活中養成習慣，每天至少作一個小休息，在小休息期間，做一些自己喜歡的活動，這個小休息便是一個有益身、心、靈健康的「330 小休息」。在進行「330 小休息」時，我們亦可加入靜觀的元素，將注意力放在當下的一刻。簡單來說，每日都只需用少少時間進行「330 小休息」，便可提升自己的身、心、靈健康。我們會在第四章〈苦中加點甜〉作更詳細解釋。

人生總要經過高山低谷[3]，就算身處谷底中，我們也不需要只是拼命求存。其實無論任何情況，我們也可以選擇以靜觀態度，好好過生活。善待自己，我們才可以從容地走過人生的高山低谷。

2 參考資料：
1. Segal Z., Williams, J. & Teasdale, J. (2013) *Mindfulness-Based Cognitive Therapy for Depression 2nd Edition*, The Guilford Press
2.「靜觀認知治療法」課程資料，馬淑華博士

3 歌曲：《高山低谷》；詞：陳詠謙；曲：林奕匡；主唱：林奕匡

第二章

苦中亦能笑著滿足

恆常的靜觀練習，能幫助我們培養覺察力，更實在地「活在當下」。這份對當下的覺察，有助我們更認識、了解自己，也讓我們更能與心中的智慧與慈愛連繫。這對正在經歷困難的我們尤關重要——更了解自己的身心需要，就更懂得好好地照顧困難中的自己；與心中的智慧與慈愛連繫，就懂得更適切地去回應生活中的困難和各種挑戰。持續的靜觀練習，或許能讓我們經歷困難時，仍能在苦中笑著滿足。

tip 1

笑著，耐心等，每天存……

心愈闊，苦愈小

有個徒弟經常向師傅抱怨人生很苦，師傅於是派這個徒弟去買一些鹽回來，然後叫他把鹽倒進一杯水裡喝下去，問他味道如何。

徒弟喝一口後馬上吐了出來說：「很苦。」

師傅笑了一笑，然後帶徒弟走到湖邊，吩咐他把剩下的鹽都放進湖裡，然後對徒弟說：「現在您再嚐嚐湖水，看看是甚麼味道？」

徒弟喝了一口湖水說：「很清甜。」

師傅問他有沒有嚐到鹹味，徒弟搖頭說：「沒有。」

這時師傅對徒弟說：「人生的痛苦就好像這包鹽，縱然有些人多一些，有些人少一點，但就是人人有份，逃避不了。我們承受痛苦

的程度，就取決於所盛載的容器有多大。所以我們要學習開闊心靈的容器，讓它不要做一隻杯子，而要做一個湖泊。」

嘗試擴闊心靈的容量，去接納人生的苦痛，那麼就算人生充滿困苦，我們也可以過著美滿的人生。這就是為何有些人面對小難關已承受不了，有些人卻泰山崩於前依然能夠從容自在。當中的區別沒有對錯強弱，只在乎承受傷痛的心靈容量是杯子，還是湖泊。

那麼，有甚麼方法可以幫助我們擴闊心靈的容量？靜觀或許是其中一個方法。

靜觀，顧名思義就是培養「靜」和「觀」，靜心觀察生活每一刻。根據靜觀減壓課程創始人卡巴金（Jon Kabat-Zinn）博士，靜觀（Mindfulness）就是「有意識地、不加批判地、留心當下此刻而升起的覺察，藉以了解自己，培育智慧與慈愛。[1]」

「靜」不是指聽覺上的寧靜，而是心的安靜、安穩，讓自己的心安住於此時此刻；「觀」就是對當下一刻清晰的覺察，觀察當下的身心狀態，以及此時此刻的種種狀況。當我們的心能放在此刻發生的事，而不是沉溺過去或擔憂將來，這便是「活在當下」。學習平靜地、如實地、抱有初心地覺察此時此刻的生活，不用力去追求些甚麼；我們可以更了解自己，不再過盲目的生活。

這樣的練習，如何能幫助我們擴闊心靈的容量呢？在靜觀練習中，我們學習不加批判地接納此時此刻的經驗。就算是不愉悅的狀態，也不去控制、抗拒，或是遏止、改變。反之，我們練習專心、開放地觀察自己面對困難時的身心狀態，學習與困難共處。久而久之，靜觀幫助我們擴闊心靈的容量以盛載人生的傷痛，我們會更有能耐去接納不能改變的事情與狀態；也會有更穩定的心以及勇氣，以更合適的方法去應對可以改變的事情。

靜觀練習的七個基本態度

然而，擴闊心靈的容量並非一朝一夕的事。要經歷靜觀帶來的改變，需要持之以恆的練習。靜觀練習的七個基本態度為：初心（beginner's mind）、無強求（non-striving）、耐心（patience）、信任（trust）、

不加批判（non-judging）、接納（acceptance）、放下（letting go）。這些態度是練習靜觀的重要基石，各種心態相輔相成，培養其中一種心態，亦有助其他幾種心態的提升。

1 初心：練習靜觀時像小孩子一樣，對所觀察的事物抱持好奇的態度，視每次接觸為第一次，放下對事物的預設，不讓過往的經驗、概念、信念去限制我們。

2 無強求：練習靜觀時，不過分執著地追求目標，不過於強求要見到成效。如果我們過分執著目標，可能會欲速則不達，弄巧反拙。

3 耐心：我們應容讓事物按它的速度展現，順其自然。用心地練習，不急於求變，靜待改變的出現。

4 信任：練習靜觀時，留心、覺察自己的感受與直覺，從自己的經驗中學習。在向外追求意見與依從自己的自身感覺之間取得平衡。

5 不加批判：在靜心覺察之時，儘量不被自己對事物的評價所牽引，以客觀的態度去觀察當下此刻的經驗。

6 接納：看清事情在此時此刻的本來面貌，容許事物以其本來的面貌存在，同時不去要求事情要依自己的想法改變。

7 放下：提醒我們凡事順其自然，不去執著地依附愉悅的經驗，不去執著地推走不愉悅的經驗，再帶著好奇心觀察內心如何改變。

只要我們「笑著，耐心等，每天存」[2]，帶著以上的心態，持之以恆地練習靜觀，心靈承受困苦的能耐或會有所提升，應對困苦時或許也會更處之泰然。

330 好習慣：有系統的靜觀訓練

持之以恆及有系統地學習，是培養靜觀最務實的做法。我們建議大家參加連續八周的「靜觀減壓課程」（Mindfulness-Based Stress Reduction Program, MBSR）或「靜觀認知課程」（Mindfulness-Based Cognitive Therapy, MBCT），配合一周最少六天、每天撥出一段特定時間練習靜觀，系統性地培養覺察力。近數十年的數據顯示，這些課程能有效地幫助參加者應對生活壓力、減輕抑鬱和焦慮、提升生活滿意度。

如果您在參與八周課程之前，希望先體驗一下靜觀，可以參考 newlife.330 網頁或下載手機程式，聆聽程式內的錄音，輔助進行靜觀練習。當中提供 21 天常用靜觀練習體驗課程，讓忙碌的您在 21 天之中，在自己合適的時間、地方，每天花約十分鐘左右閱讀與靜觀有關的文章，並跟著錄音去體驗不同的靜觀練習，包括靜觀呼吸、靜觀聆聽、靜觀品嚐、站立伸展及身體掃瞄等。數據顯示，330 手機程式可有助使用者建立靜觀態度，同時在心理健康方面亦有所改善。

---

newlife.330 桌面版網站：
https://newlife330.hk/

手機程式：
Android：https://goo.gl/xXcCSC
iOS： https://appsto.re/hk/VtsA-.i

newlife.330 app
（iOS/Android）

如果您還未曾接觸過靜觀，我們鼓勵您繼續閱讀本書之前，先完成 newlife.330 的 21 天常用靜觀練習體驗課程，好讓您初步認識靜觀，然後再透過以後的篇章，探索靜觀如何能幫助我們去回應生活中的困苦。

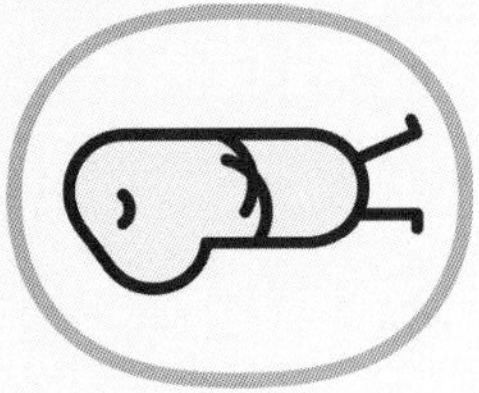

1 參考資料：

Kabat-Zinn, J. (1994). *Wherever you go, there you are: Mindfulness meditation in everyday life (1st ed.)*. New York: Hyperion.

Mindfulness Hong Kong 靜觀簡介 Retrieved from https://mindfulness.hk/cn/intro/

2 歌曲：《99 分的幸福》；詞：陳靜楠、曲：方文良、主唱：元若藍、安東尼

tip 2

除了挫折面前仍有路

用心感受，不再受困於自己的「想太多」

瑪莉戰戰兢兢地踏進公司。過去數月，她寄出了一堆求職信，全部都音訊全無。直至上星期，她終於收到這間公司的來電，安排今次面試。她的心情既興奮又緊張，希望一切順利，獲得取錄。

好不容易，面試終於結束了，瑪莉如釋重負。可是，剛踏出公司門口不久，剛才面試的畫面就不斷在腦海中盤旋：「剛才那條問題我不應該這樣回答！」「為甚麼我忘記說自己懂得那個電腦應用程式？」想著想著，瑪莉愈覺得自己做得不好，責怪自己沒有好好把握這次難得的機會，然後又擔心如果再找不到工作，經濟可能會出現困難。瑪莉愈想愈不開心，整個星期都鬱鬱不歡，做任何事都提不起勁。

面對長時間的失業，對自己逐漸失去信心，心情患得患失，這是人之常情。而無論是失業或是其他人生困苦，對長時間身處其中的人而言，常常經歷失落、心情起伏不定、忐忑不安等情緒反應，都是不尋常狀況下的自然反應，要令它們完全消失是不可能的。可是，如果這時候我們過分地聚焦於困難中，會致使心情愈來愈低落，令我們更難看清事情，窒礙我們應對困難的能力。

因此，在困難之中，我們更需要好好照顧這個起伏不定的心，而秘訣就是「專心」和「初心」。

我們慣常地活在思想中，每時每刻都在回憶、比較、分析、計劃。這「思考模式」對我們非常重要，也是人之所以成為萬物之靈的關鍵。可是，有時我們會深陷在思想中，在腦海中亂衝亂撞，特別是在煩惱的時候，更容易鑽牛角尖，就好像瑪莉一樣，令情緒更加低落。而靜觀練習正正是訓練我們從「思考模式」轉移到「感覺模式」，即是專注於當下此刻不同感官的即時體驗。留意這一刻眼所看見的、耳所聽到的、鼻所嗅到的、舌所嚐到的，以及皮膚的觸覺。「專心」於當下的感覺，彷彿給起伏不定的心一個停留的位置，同時讓此時此刻的感官體驗好好滋養被困苦所影響的自己。

如果您修習過靜觀，這不就是在課程中那「靜觀進食」練習的經歷嗎？還記得您第一次進行練習時的體會嗎？如果您喜歡這練習的話，或許在困難時可以刻意安排時間去靜心進食。過程中帶著「初心」，儘量用盡五官的感覺投入其中，讓心轉移到「感覺模式」，給自己的心靈一個小休息。

切記靜觀練習並非要求我們完全摒棄「思考模式」，因為它對我們是非常重要的。同時，心是很有趣的，就算我們這一秒在「感覺模式」中，下一秒也可能跳回「思考模式」，尤其在困難之中，那些惱人的思想更是黏人。被思想吸引是人之常情，實在不用介懷。只要您願意，每一刻都可以決定重新將注意力帶回五官的感覺上。

在困難之中，或許可以溫柔地提醒自己：「除了挫折面前仍有路。」[1]先好好照顧自己，讓起伏的心稍稍穩定下來，或許內心的智慧會引領我們以更好的方法去回應當前的困難。

讓我們回到瑪莉的故事。她在面試後擔心不獲取錄，媽媽看見她備受困擾也憂心不已，於是每天為她準備她喜歡的食物，鼓勵她重新振作。瑪莉從食物中深深感受到媽媽的關愛，願意收拾心情，好好照顧自己。有一天，她收到電話，是另一份工作約她面試。

「機會是留給準備好的人。」即使面對長時間的困境，只要我們照顧好自己，就可以保存能量作好準備，讓我們在轉機來到時有力量去面對。除了像瑪莉一樣，在別人的照顧中支取能量，我們也可以帶著「專心」及「初心」投入當下此刻能滋養我們的活動，給予心靈一個小休息，當上自己的照顧者。

330好習慣：靜觀進食

當有問題困擾著我們，情緒受到影響，我們可以帶著照顧自己的心去靜觀進食，以「初心」及「專心」來照顧起伏不定的心。

我們可以嘗試帶著好奇心與初心，慢慢地細嚐喜愛的食物或飲料，過程中保持專注，花一段時間用不同的感官去感受進食過程中的每一個細節，包括食物的形狀、顏色、香氣、質感及味道等，好好感受每一份食物的獨特味道。專注地進食，可以讓我們探索如何踏出「自動導航」系統，避免捲入思想的漩渦，同時亦能在困難時讓起伏不定的心安定下來。

您可準備一份食物，如一粒糖、一個水果或者一啖飯，嘗試以下的靜觀進食練習。

「困難之時，
不忘照顧自己的心」
練習

1 歌曲：《銀河修理員》；詞：黃偉文、曲：Howie @ Dear Jane、主唱：Dear Jane

親愛的，日子還是要過

tip 3

靜觀日常，穩定心神

當我們遇到困難的時候，做事總是思前想後，腦海充斥各種顧慮，心神也特別容易四處遊走。如果平日已養成恆常練習靜觀的習慣，那麼在這個時候，持續的練習有助我們在困難中保持覺察。除此以外，如果我們能將靜觀帶進日常的生活流程，在慣常的活動中體現靜觀，帶領自己從「思考模式」轉移到「感覺模式」，或許更有助我們在困難中穩定那起伏不定的心。日常生活真的能練習靜觀？對呀！生活中有很多非正式練習的機會，可以幫助我們將靜觀融入生活中，就連洗碗也可以呢！

一般人洗碗時是怎樣的呢？大多想儘快洗好，就可以去吃水果、看電視。一行禪師提醒我們，其實我們可以選擇去用心、慢慢地洗碗，專注地留心水的溫度、水流過雙手的感覺，同時仔細覺察洗碗時每個動作、每一刻的身體感覺。這樣，洗碗的時間就可讓自己對每一刻的身體感覺、每個念頭及情緒都保持覺察，充分的活在當下。因此洗碗不只可以清潔，亦可透過專注覺察洗碗的每一刻，讓自己練習靜觀，與當下此刻連繫[1]。

或許您十指不沾陽春水，洗碗是您從來都不會做的事，但您每天都會洗手吧。吃東西前、處理食物前、觸摸寵物後、用手捂口鼻咳嗽或打噴嚏後、如廁後等，我們都會清潔雙手。遇上疫情時，勤洗手更是防疫的重點。既然手一定要洗，何不把洗手當成一個非正式練習靜觀的機會呢？

靜觀是對當下每一刻保持覺察，我們可以留意洗手時的身體感覺、思想和情緒。我們可以用心感受水的溫度、手與肥皂或洗手液接觸的觸感、肥皂或洗手液的氣味、揉搓雙手時手腕、手掌心、手背、手指、指縫及手指尖的感覺，以及肥皂泡沫被水沖走時的狀態等。過程中，我們可能會發現自己被腦海不時出現的想法和念頭影響而分心，這是很常見的。就好像平時練習靜觀一樣，當我們知道自己分心，只要慢慢地將注意力放回身體上的感覺便可以了。

培養靜觀的生活態度，需要有系統的訓練作為基礎，如果能再配合這些非正式的靜觀練習，或許能為我們帶來不一樣的體會。在平常日子，帶著專注和好奇心去做事，可能會發現平凡的生活中原來不乏新鮮事，同時間又可訓練我們的覺察力。即使是日常生活中規律的清潔及打掃工作，如拖地、洗碗及清洗物件時，也可以嘗試覺察每個動作，也許讓我們更容易感到專注和平靜。在困難時候，帶著初心去進行日常的必要活動、專心地感受當下每一刻時，起伏不定的心可能會稍為安定下來。

「日子有快有慢，有好有壞，放心吧，都正常。」[2]日子還是要過的，何不帶著好奇心去觀察、專心地去感受生活的每一刻？

330好習慣：洗手也靜觀

既然每日我們都可能要洗很多次手，不妨試試每次洗手都帶著一份覺察去洗？帶著初心，當自己是第一次洗手，帶著好奇心去觀察過程中的感受，可能會發現很多平時沒有留意的事情。誠邀大家嘗試以下的靜觀洗手練習，看看有甚麼新發現？

「洗手也靜觀」練習

1 內容引用自一行禪師（Thich Nhat Hanh）的著作《步步安樂行》（*Peace is Every Step*）

2 歌曲：《愛情朝九晚五》；詞：鄭興；曲：鄭興；主唱：鄭興

tip 4

讓我對這世界好奇

換個方式，與不愉悅的感覺共處

生老病死，是人生必經的階段，而我們所需要面對的困難，有不少都與身體有關。年老時揮之不去的腰痠背痛、長期病患者每天要面對的身體不適，想趕也趕不走，想避也避不開。或許您現在年紀尚輕，身體尚算健康，可是，您也不可能免疫於身體的不適。

在二零二零年間，令人最印象深刻的困難，相信是新型冠狀病毒肺炎肆虐全球。這段時間，我們都要長時間配戴口罩，不論如何習慣，也總會出現不適感：焗促的感覺，還有每次吸氣時夾雜著汗味的口水味，夏天時這氣味更困在口罩內揮之不去，加上口罩掛繩長時間圍著耳朵的不適感，十分惹人討厭。

的確，戴口罩讓人十分不適，但試想想，如果戴口罩無可避免，而我們又不停抱怨，一心想著自己有多不幸，每時每刻都在討厭這感覺，我們會怎樣？除了要承受身體的不適感，還要承受想推但推不走的內心掙扎，那就是苦上加苦呀！

如果不想苦上再加苦，我們可以選擇以靜觀來回應不愉悅的感覺，學習以不同的方式與不愉悅的感覺相處，而不是明知推不開，還執意要去阻止、消滅或逃避它們。因此，戴口罩也可以成為練習靜觀、學習與不愉悅的身體感覺相處的好機會。

當我們細心觀察戴上口罩時那些不愉悅的身體感覺，不論是被口罩悶住又透不過氣的感覺、戴口罩久了耳背的不適，又或是長時間戴口罩令皮膚痕癢的感覺，我們都可以嘗試帶著不批判的心態，不偏不倚地帶著好奇心去觀察它們，儘量不被自己對它們的評價所牽引。慢慢地，我們會發現這些不愉悅的身體感覺並非一成不變的。它們的位置、範圍大小、強烈程度，或多或少都會隨時間變化，而有些時候，就算是不喜歡的事物，只要帶著好奇心去觀察，都可能會有一些新奇的發現。因此，帶著初心及不批判的心去觀察不愉悅的身體感覺，覺察著它們的變化，或許能為當中的經歷帶來一些微細轉化。久而久之，我們或會對不愉悅的感覺多了一點點的接納。

學習與身體的不適相處時，我們的心或許會有不同的反應，例如是「我再忍受不了這個不適的感覺！」「這些不適的感覺快要令我發瘋了！」要知道人的心就是會自動化地對事物作評價，此為人之常情。因此，在練習時如果留意到批判、評價出現了，您同樣也可以接納它們的出現，不用去抗拒，但同時提醒自己不去繼續追隨它，不讓它愈滾愈大。體會到它們只是念頭、只是心的自然運作，然後把注意力帶回身體的感覺上。

可能有些人會發現，觀察這些不適的感覺，跟不觀察時也沒有甚麼分別；又或者有些人會發現刻意地觀察，會令這種不適的感覺更加強烈。的確，學習與不愉悅的身體感覺相處，並不代表我們可以消滅它們呢。最重要的，是培養那份願意走近不愉悅感覺的意向，練習減少抗拒心，學習不再在苦上加苦。

將來不論是因為預防傳染病，或是因為生病而需要戴上口罩，都可以視之為練習與不愉悅感覺相處的好機會。「讓我對這世界好奇」[1]，就連不愉悅的事物，都可以嘗試帶著好奇心，與它們相處。生命中有很多我們不能預計的事，但我們的心仍然可以有不同的選擇。透過持續的靜觀練習，學習與不愉悅的身體感覺和平共處，或者可以令我們在面對這些不愉悅感覺的時候，可以從容多一點。

330 好習慣：以靜觀回應不愉悅的感覺

如果我們避不開也趕不走某些不愉悅的身體感覺，倒不如帶著好奇心，去跟這些感覺相處，可能會有新發現。

邀請大家嘗試以下的「戴著口罩練靜觀，與『不愉悅』共處」練習，體驗一下如何以靜觀回應不愉悅的感覺。

「戴著口罩練靜觀，與『不愉悅』共處」練習

1 歌曲：《我的快樂時代》；詞：林夕；曲：林健華；主唱：陳奕迅

tip 5

好奇無上限

對身心感覺保持好奇，更好地照顧自己

有一個人與他的老伴相處多年。起初一起生活時，他對這終生伴侶很有新鮮感，對方的舉手投足都看來有趣。可是，相處久了，一切慢慢變成習慣，也失去了新鮮感，再加上忙碌的生活及工作的壓力，更容易忽略對方的需要，沒有再好好地關顧對方，甚至當老伴不舒服時，也察覺不到。直至有一天，老伴終於出現嚴重的疾患，他才驚覺事態嚴重，拚命補救。

——您以為我說的是老夫老妻的常見問題嗎？其實，「老伴」是我們的身體和心靈。

不是嗎？嬰孩們看著自己的腳，也可以看得入神；孩童累了會要父母抱抱，哭了會要求大人安慰。但人長大了，卻會疏於照顧身體和心靈上的需要，無視它們發放的訊息，沒有好好地覺察它們的需要。正正因為我們對身心靈的敏感度不足，我們無法意識到他們的限制，直至身心靈以病痛及情緒問題來告訴我們「真的捱不住了」，我們才如夢初醒，驚覺這個「老伴」已經被我們勞役至耗損不堪。

靜觀練習正正希望我們帶著照顧自己的心，多去覺察自己的身體感覺、思想及情緒，好好了解自己的身心狀態，培養一份對自己慈愛的心。其實，當一件事件發生在我們身上時，身體感覺、情緒和想法都會有不同的反應。這三種反應看似是不同，但其實是互相連繫的。例如面對人際關係上的困難、與人發生衝突時，身體可能會出現心跳加速、肌肉緊繃、面紅耳熱等感覺；情緒也會出現起伏，例如感到煩躁、憤怒等；同時間，也會有一些想法在腦海中出現：「為甚麼他要這樣對待我？他不應該這樣做！」「他是故意的！」面對同一件事，不同人會有不同的身體感覺、情緒和念頭，即使是同一個人，在不同的狀況下遇到類似的事情，反應或許也會有所不同。如果我們平日能多去留心自己的身心狀態，便能更敏銳地覺察自己面對事情時的反應。了解自己更多，我們就更懂得如何好好照顧自己，並作更有智慧的選擇去回應眼前的困難。

在身體感覺、情緒和念頭三者之中，靜觀練習會邀請我們特別多去留意身體感覺，原因是我們在日常生活中慣於忽視身體的感覺，對此最不熟悉，但其實身體感覺能給予我們重要的訊息。我們的情緒會在不同的身體部分呈現出來，例如憤怒時會面紅耳熱、心跳加速；害怕時身體會顫抖；情緒低落時會覺得身體軟弱乏力等。因此，如果我們對身體感覺的覺察更敏銳，就能更容易覺察到情緒的轉變，從而更適切地照顧自己的需要和回應情緒。

透過靜觀練習，讓我們學習留心觀察自己的身心狀態，更了解這陪伴我們一生的「老伴」，我們便能更妥善地照顧這「老伴」的需要。就算在困難之時，我們仍然可以帶著初心，去留心當時出現的思想、情緒及身體感覺，特別是身體這個長期被我們忽視的好伙伴，更可以多去留意及關注。學習帶著不批判的心，在困難中覺察、接納當下此刻的身心狀態，以一顆溫柔與仁慈的心看待辛苦中的自己，對自己說聲「辛苦了」，讓我好好地照顧您！

330好習慣：觀察身心

「好奇無上限」[1]，對身心的狀態保持好奇，留意當下的身體感覺、念頭和情緒，讓我們更了解自己身心的需要。邀請大家嘗試以下的「在困難中觀察身心狀態」練習，好奇地留意一下自己當下一刻的身心狀況是如何？

「在困難中觀察身心狀態」練習

1 歌曲：《好奇無上限》；詞：易家揚；曲：伍家輝；主唱：可米小子

tip 6

我需要一點空間

回到呼吸，穩定心神

我們在日常生活中經常會遇到一些不如意的事情，例如與上司不咬弦、子女不聽話，又或是與朋友因意見不同而爭論起來，各不相讓。在順境中，這些事情可能只會暫時影響我們的心情，又或許很快就能調整自己的想法，對這些芝麻綠豆的小事一笑置之。然而，在人生的困難時期，就算再芝麻綠豆的小事，也很容易觸發不愉悅的情緒。這些情緒有時會很強烈，同時腦海裡的思緒也會十分凌亂，有時身體也會出現一些不舒服的感覺，就像為本已起伏不定的身心狀態再推波助瀾。

在這些時候，有些人會責怪別人或上天：「為何不放過我，要在我困難的時候再加添困阻？」有些人則會怪責自己：「平時我都不會被這些小事影響心情，為何此刻會這樣？」其實，事情已經發生了，再執著地去追責，或許只會令我們痛上再加苦。在這一刻不妨停下來，告訴自己「我需要一點空間」[1]，去關懷這一刻受苦中的自己。

「3分鐘呼吸空間」是一個自我照顧的練習。在有需要的時刻練習，不是要趕走強烈的情緒、混亂的思想，或是身體的不適，而是讓我們可以停一停，帶著覺察照顧這一刻辛苦中的自己。練習時，覺察這一刻的身體感覺、情緒和想法；不去逃避、否認、抗拒它們，也不為著它們的出現去批判自己。我們學習去接納它們已經出現了，並願意在當下此刻，以呼吸和整個身體與它們共處。如果我們能給予空間，容讓這些身心狀況存在，懷著一份照顧自己的心去關懷正在經歷痛苦的自己，我們就可避免在苦上再添苦。

「3分鐘呼吸空間」練習主要分為三個部分：

1 覺察當下：

不論當時的身心狀態是愉悅的、不愉悅的，或是中性的，都不加批判地留心當下此刻的身體感覺、情緒和想法；

2 留心呼吸：

讓注意力回到呼吸，讓呼吸好像錨一般，幫助我們因受事情影響而散亂了的心神稍稍穩定下來；

3 擴展覺察：

把覺察力從呼吸擴展到整個身體。如留意到任何伴隨不愉快情緒而來的身體感覺，在吸氣時，可以想像將空氣送到帶來最強烈不適感的位置；呼氣時，想像空氣從那個位置呼出，就好像用呼吸去照顧這個不

適的身體部分，關懷它，與它共處。如果沒有伴隨不愉快情緒而來的身體感覺，則可以在這擴展了的覺察中關懷這個身體。

在結束「3分鐘呼吸空間」後，我們可以提醒自己帶著這份覺察，去應對當前的問題，或繼續以其他方式去照顧辛苦中的自己，又或是去做下一項要做的事情。

可能我們會發現，面對著觸動情緒的事情時，先停一停，以呼吸空間練習去留心當下的狀態，並穩定心神，然後再帶著擴展了的覺察去做事，或許能幫助我們作出更合適的決定。

330好習慣：停一停，給自己一個呼吸空間

面對著觸動情緒的事情時，先停一停，給自己一個呼吸空間，才去回應眼前的問題。

無論在順境或逆境中，我們都很容易會因為不停追趕著時間處理日常事務，或是籌劃將來要做的事，令我們未能活在當下，在忙碌中失去覺察。因此，我們可以每天定時練習「3分鐘呼吸空間」，讓這練習成為日常生活的一部分，提醒我們要回到當下、保持覺察。

邀請大家一齊體驗以下「停一停，給自己一個呼吸空間」練習。

「停一停，給自己一個呼吸空間」練習

1 歌曲：《多一點空間》；詞：林愷；曲：庾澄慶；主唱：庾澄慶

tip 7

聆聽身體的獨白

進退有時，學習與限制共處

海倫最近遇到一項很棘手的工作項目，客戶的想法經常改變，項目完成的時限又緊迫，令她大感困擾。可是她一向無懼困難，無論遇到甚麼障礙都會迎難而上，憑著自己百折不撓的毅力和忍耐力，希望成功衝破困境。於是她即使感冒初起，連日來仍不停加班，終於在限期前把工作完成了，卻令病情惡化，入院住了好幾天。另一邊廂，心悠同樣遇到一項很棘手的工作項目，她對客戶的無理要求感到困惱，不想浪費時間與客戶糾纏，於是向上司提出請別的同事接手。眼見同事接手跟進後，逐漸取得客戶信任，雙方的合作愈來愈順暢，更得到上司讚賞，她遂懷疑自己是否放棄得太早。

堅持或放手，並沒有好壞優劣之分。面對不同的困難，我們可以因應當前的境況，以及自己的身心狀態，有彈性地去作出當時最合適的選擇。可是，有些人欠缺這份能屈能伸的彈性，面對不同的困難都只是以單一的模式去回應。試想如果我們面對任何困難都硬要咬實牙關去衝破，我們或會對自己作出過分的要求，超出了自己的限制。勉強自己去改變不在控制範圍內的事，最終只會令自己枯竭耗盡；而當真正的轉機到來之時，我們也沒有力量去把握當前的機會，作合適的回應。另一方面，如果我們凡事都選擇放棄，遇上任何困難都假手於人，即使眼前的挑戰輕而易舉，也不願意付出努力去應對。這樣，我們會漸漸習慣逃避問題，失去改善當前狀況的機會。

面對困難時，您會習慣性地拼命、習慣性地逃避，還是能有彈性地作出選擇呢？要懂得有彈性地作合適的選擇，我們除了要看清當前的境況外，也要覺察並尊重此刻自身的限制，在完全放棄和過分要求自己之間取得平衡，帶著一份照顧自己的心，與自己的限制和困難共處。

靜觀伸展練習的其中一個意向，恰恰就是讓我們學習去覺察身體的限制，學習與限制相處。在練習的過程中，我們留心每個動作中的身體感覺，仔細聆聽身體的訊息，不去壓抑任何感覺。在伸展過程中，身體的限制或許會以痛楚、拉扯、疲勞或其他不適的感覺呈現，當留意到這些不適的感覺出現時，我們可以帶著初心去探索此刻的局限。在探索的過程中，我們有兩個選擇。

一是「維持姿勢，好奇覺察」，在不勉強自己的情況下，選擇維持這個姿勢，好奇地觀察這些不適的感覺，留心它們的變化。我們可能會發現這些不適的感覺並非持久不變的，它會出現，又會消失；這些不適感覺的強弱程度、位置、形式，亦可能隨時間轉變。過程中，我們也可以在吸氣時，想像將空氣送到帶來最強烈不適感的位置；呼氣時，想

像空氣從該位置呼出，就好像用呼吸去照顧這個不適的身體部分，培養對身體的限制持一份友善的覺察，學習不去推開它，去與它共處。

選擇二是「帶著覺察，調整姿勢」。任何時候發現身體已到了極限，就可以帶著覺察，以及一份照顧自己的心，去調整身體的姿勢或角度。每一刻的身體狀況也會有所不同，試試帶著覺察把身體不同的部分調高一點或調低一點，帶著好奇心找尋一個姿勢，好讓自己繼續與這限制相處。在調整姿勢以前、調整的過程中及調整之後，都一直觀察著不適感覺的變化。當然，任何時候您都可以將身體帶回最舒適的靜止狀態，學習尊重身體當前的限制，同時培養一份無強求的態度，放下對自己「一定要做到這動作」的強求，放下過於用力去追求目標的執著。

甚麼情況下要選擇「維持姿勢，好奇覺察」？甚麼情況下要選擇「帶著覺察，調整姿勢」？我也不知道呢！需知道每一天、每一刻的身體狀況都不一樣，我們要在過程中好好「聆聽身體的獨白」[1]，信任身體給予我們的訊息，留意身體告訴您這刻可以繼續維持這動作、需要調整姿勢，還是要停下來。

其實，對身體限制的反應也象徵了我們對人生限制的反應。無論是身體的限制或是人生的限制，我們也可以帶著初心、無強求、信任自己，以及一份照顧自己的心，與它們共處。您願意視身體為一個練習場，視靜觀伸展為一個練習機會，學習有彈性地與自身的限制和平共處嗎？

330好習慣：觀察身心

在靜觀伸展練習中，我們會維持伸展姿勢一段短時間，身體的限制會以痛楚、拉扯、疲勞等不適的感覺呈現。我們可以帶著初心去探索這些感覺，學習接納自己的限制。同時在不勉強自己的情況下，學習以「維持姿勢，好奇覺察」，或是「帶著覺察，調整姿勢」的方式，與此刻的限制相處。

邀請大家嘗試以下的「在伸展中，與困難和限制共處」練習，探索並與身體的限制共處。

「在伸展中，與困難和限制共處」練習

1 歌曲：《Keep Breathing》；詞：葛大為、曲：蔡健雅、主唱：蔡健雅

tip 8

多困擾，一步一步就好

坐立不安時，去靜心步行吧！

子浚很喜歡靜觀，並有持續地練習靜觀的習慣。他最喜歡的是靜觀呼吸練習，每天早上上班前都會練習，好讓他帶著覺察去開始忙碌的一天。他也喜歡在睡覺之前再練習，好讓他在一天完結之前從混亂的思緒中安頓好心神，預備自己好好休息。在經歷困難的時候，呼吸也是他忠實的密友，幫助他與當下此刻連繫，穩定心神。

可是，子浚發現當遇到重大的事情、情緒激動的時候，呼吸這個好朋友好像也幫不上忙。有一次，子健在工作中遇上問題，被上司責罵，讓他整天都鬱鬱不歡。在練習靜觀時，子浚留意到那些被上司斥責的畫面、怪責自己的念頭、內疚的情緒等，都在心中纏繞著他，令他難以像平常練習時將心神集中在呼吸。子浚覺得很洩氣，心想：「是否我平常沒有用功練習，以致靜觀不能幫助我平復心情呢？」

很多人都好像子浚一樣，誤將靜觀練習看成是放鬆練習，期待練習後就定必可以讓心情平靜、讓糾纏著我們的思緒消散。其實，靜觀是「不加批判地留意當下此刻而升起的覺察」。遇上重大的事情、情緒激動的時候，這些念頭或情緒會糾纏我們一段時間，令我們難以集中心神，這是人之常情，也是此時此刻子浚的狀態。就好像子浚一樣，在練習中清楚知道這一刻的心正被念頭與情緒所困，已經是很重要的覺察了。

有了這份覺察，子浚可以懷著一份照顧自己的心，作出最合適的決定，並可以溫柔地問問自己：

這時候，是否有足夠的能量繼續練習靜觀？還是此刻最需要的是好好休息，或以其他方式好好地照顧自己？我們要記得，練習靜觀的其中一個意向，是培養對自己慈愛的心呢！

如果在這時刻依然選擇繼續練習靜觀，就要學習接受注意力會經常捲進念頭或情緒。或許回到呼吸僅僅只有一秒，隨即又會被念頭與情緒拉走，但也不要緊。這時候只需提醒自己，面對分心是靜觀練習重要的一部分，這不是錯誤或失敗，接納自己不停分心是在困難中最自然不過的事。可以鼓勵自己：每一個呼吸，都是新的開始。就在下一個呼吸，再一次將注意力溫柔地帶回呼吸吧！此外，我們亦可以跟隨「3分鐘呼吸空間」練習中第三部分的建議，好奇地把注意力帶到任何伴隨不愉快情緒而來的身體感覺。在吸氣時，可以想像將空氣送到帶來最強烈不適感的位置；呼氣時，想像空氣從該個位置呼出，就好像用呼吸去照顧這個不適的身體部分，關懷它，與它共處。

除此之外，我們也可以選擇去進行動態的靜觀練習，就像上一篇提及的伸展練習，或是以下的靜心步行練習。對於一些面對著困難的人來說，在動態練習中把注意力放在此刻身體的感覺上，「多困擾，一步一步就好」，或有助煩亂的心稍稍穩定下來。

在練習靜心步行時，可以選擇一個地方，給自己一條固定的路徑，來回地步行。過程中，不為到達任何目的地，只為培養覺察而行。在步行中，將注意力放在雙腳的感覺上，無論當時的動作是提起腳、推前、將腳放下，都留心著雙腳的感覺。同樣地，與困難相關的念頭或情緒仍會不時浮現，心還是會遊走。這時候，清楚地覺察心已經遊走了，然後溫柔地將心帶回雙腳的感覺，彷彿讓雙腳成為注意力的錨，幫助我們與當下此刻連繫。同樣地，我們不要執著於要令自己的心透過步行而平靜下來。帶著無強求的心態，做這一刻的自己，專心步行，留心觀察當下此刻，就可以了。

喜歡靜觀的您，如果在困難中練習靜觀時也遇到子洝的困惑，請記得不要讓練習為困難中的您加添困苦，而是帶著覺察、懷著對自己慈愛的心，作合適的決定。

330好習慣：靜心步行

靜心步行是其中一個常見的靜觀練習，在正式練習時，可以如文中所述，安排一條固定的路徑來回步行。熟習了這個練習以後，也可以同時視之為非正式的練習，在日常生活步行時帶著覺察走每一步，將靜觀融入生活中。在困難之時，如果心仍然希望透過靜觀與當下此刻連繫，也可以選擇進行這個練習，在動態中讓雙腳成為注意力的錨，幫助心神稍稍穩定下來。

邀請大家一起體驗以下「坐立不安？試試靜心步行吧！」練習。

「坐立不安？
試試靜心步行吧！」
練習

1 歌曲：《一步一步愛》：詞：陳奐仁；曲：陳奐仁；主唱：鄭秀文、陳奐仁

tip 9

怎麼去學識安定

學習面對來自突發事件的不安感

有一天，嘉欣下班回家途中經過街角熟悉的便利店，突然有群持木棍的人從後巷跑出來，襲擊一名年輕男子。整件事件就發生在便利店前五米的距離，嘉欣親眼目睹男子被打至滿身瘀傷、頭部出血。有恆常練習靜觀的嘉欣覺察到驚慌的情緒在心中浮現，腦袋一片空白。伴隨驚慌而來、最明顯的身體感覺是呼吸十分急促、心跳很快、全身顫抖。施襲者很快就散去，雖然驚慌的心情依然存在，但嘉欣仍與便利店職員一起陪伴傷者直到救護車到來。在回家的路上，嘉欣身體及雙腳仍在顫抖，舉步維艱，好不容易才回到家。

回到家中，她覺察到那驚慌的感覺依然沒有消失，剛才的畫面一直停留在腦中揮之不去。雖然受襲的不是嘉欣，而她亦已離開事發地點，回到安全的家中，但她的呼吸及心跳依然很急，全身還在顫抖。這時候，嘉欣想到去

練習靜觀。她坐下來，閉上眼，觀察呼吸。然而，一閉上眼，觀察到那急促的呼吸，就讓她聯想起剛才所目睹的一切。就算她一再提醒自己這只是念頭，並不是事實，急促的呼吸總是連繫上那可怕的情境。內心的智慧提醒嘉欣，可以選擇去練習靜心步行，然而，顫抖的雙腳令她難以進行練習……

面對重大而突發的事情，就好像是意外、暴力事件、自己或目睹他人受傷或生命受威脅，無論是甚麼人，都有可能像嘉欣一樣，情緒、思想和身體反應都受到影響。我們不需要害怕這些反應，因為這是人面對危機時的自然反應，就算是熟習靜觀的人，也可能有相似的反應，經驗著強烈的不安感，以及身體強烈的不適感，以致熟悉的靜觀練習也難以幫助心神穩定。

我們「怎麼去學識安定」呢？或許可以進行「安定心神」練習，幫助自己在慌亂、強烈不安的情緒中稍為安定下來。在這練習中，我們會將注意力停留在當下最能帶來安穩感覺的身體位置上。在平常的時候，這位置可能是腹部、心口或鼻孔。它們隨著一吸一呼帶來的感覺，或許最能穩定我們的心神。可是，就如嘉欣的經歷一樣，在這非常時期，那熟悉的位置或許難以令我們專注。這時候，我們可以探索其他能帶來安穩感覺的身體位置：如果平時觀察呼吸習慣集中在腹部的話，何不試試心口或鼻孔？如果像嘉欣一樣，難以專注於呼吸，可以試試將注意力放在著實地接觸地板的雙腳、穩妥地被座椅承托著的臀部或大腿下方，以及安穩地輕放在大腿上的雙手等。選擇以上其中一個帶來最安穩感覺的身體位置，成為專注力的中心點，在練習中觀察著這位置那份穩妥、被承托著的感覺。而如果分了心，也不要緊，就一次又一次地將注意力帶回這個位置上，回到這份安穩地被承托著的感覺。同時，不要強求心神很快就會穩定下來，接納自己在這個非常時刻，出現不安感是不尋常狀況下的自然反應。或遲或早，這不安感總會過去的。帶著無強求的心去練習，耐心地等待變化的出現。

當然，如經歷的事情非常重大，而這不安感持續出現一段長時間，沒有消減的跡象，同時嚴重地影響日常生活，最好是去尋求專業人士的協助，幫助我們去過渡這困難的時期。

330 好習慣：將注意力帶到最安穩的感覺上

當我們遇到突發而重大的事情，感到心緒不寧、神不守舍、驚慌、或其他強烈情緒時，也可以嘗試進行「安定心神」練習，將注意力與當下最安穩的感覺連繫，讓心神安定下來。

「安定心神」練習

1 歌曲：《當您走了以後!!——觸景傷城》；詞：6號@RubberBand；曲：方皓玟；主唱：小肥

tip 10

奉上衷心，祝福千串

祝福自己，祝福他人，灌溉心中慈愛友善的種子

有一天，您收到好朋友的短訊：「您知道嗎？今天老人院打電話來，告訴我媽媽的身體狀況不好，叫我要多去探望她。可是，今天公司傳出要裁員了！我真的很擔心這次會選中我……我不能想像一旦失業的話，可以怎樣應付開支。於是，我唯有每天都加班，期望老闆不會辭退我。而我只能在午飯時間探望媽媽，也只有在來回公司與老人院途中才有時間吃塊麵包或飯糰。我真的希望可以多點陪伴媽媽，但又放不下工作。您知道嗎？最近我不停地想，如果當時好好讀書的話，我就不用困在這份工作，現在的情況就不會這麼差。雖然，我知道這樣想也無補於事……唉……這種日子，我真的不知道能撐多久……」

看到短訊，您會有甚麼即時反應？您可能會有同情他的想法、憐憫他的情緒，或感受到心口有沉重的感覺，同時有希望為他打氣的行動意願，例如去關心他或做些實際的事情去幫助他。可是，若相同的情況發生在自己身上，您又會有何反應？您會否好像朋友般出現自責的想法，認為自己為媽媽做得不夠，甚至為一些過去已久又不能改變的事情而責怪自己？會否有傷心、絕望、憤怒的情緒？甚至沉溺在低落的情緒之中而沒有做些實際的事情去照顧自己？

當事情發生在其他人身上，我們都傾向仁慈地回應，但當事情發生在自己身上，我們往往卻對自己嚴苛。或許我們要學習將對待朋友的那份仁慈，放在面對困難的自己身上，而其中一個培養對自己仁慈的方法，就是進行「祝福練習」。

「祝福練習」帶引我們接觸內在那個仁慈友善的面向，並與之連繫，再容讓自己成為散發慈愛友善的中心。在文末的練習中，我們首先會去回想一位曾經給予您愛心、令您會心微笑的人。感受這個人給予您的愛，細味領受著這份愛的暖意，體會到自己能成為慈愛友善的載體。然後，我們練習帶著一份慈愛友善的心，去祝福這個人，讓自己成為散發慈愛友善的泉源，繼而，再將這泉源導引到自己身上，練習去祝福自己。接著，我們練習將這份仁慈再散發開去，祝福世界上所有的生命。這個練習並非要去改變任何事情，也沒有要我們刻意地為自己或他人去做甚麼事。我們只需單純地與內在那顆慈愛友善的心連繫，就已經足夠。

不要小看這份祝福。就算只是一份慈愛友善的心懷，也讓世界多了一份前一刻所沒有的

慈愛，同時多了一個轉化為慈愛友善行動的可能。因此，雖然練習中沒有要求我們去做任何事，但如果在練習中自然地生起一個意願，希望將慈愛友善的心轉化為對自己或他人的實質行動，那就在合適的時候，容許自己跟隨著這個意願去行動吧！

或許，您會懷疑自己是否存在著這份慈愛友善的心。有沒有發現嬰兒見到關愛他們的人時，自然就會展現笑臉，讓身邊的人感到幸福寬慰？這份慈愛友善的心，一直都存在於您的生命中，只是埋藏於成長中所經歷的困苦傷痛和生活壓力之下。「祝福練習」帶引我們與內在那顆慈愛友善的心連繫，知道它無時無刻都在這裡，好好地培養這顆對自己及他人慈愛友善的心，為自己及他人「奉上衷心，祝福千串」[1]。

330 好習慣：祝福自己及他人

在面對困難之時，您的思想與念頭會否依然嘮叨不斷，不停地怪責自己？或許在這些非常時期，我們更需要讓「祝福練習」帶引我們與內在那顆慈愛友善的心連繫，培養以仁慈的態度看待被困難影響著的自己。如果合適的話，可以將這份慈愛友善的心散發開去，祝福其他人。

希望大家嘗試以下的「灌溉心中慈愛友善的種子」練習，讓慈愛友善的種子在心中發芽成長。祝願大家在困難之時，依然平安、快樂、健康及活得自在。

「灌溉心中慈愛友善的種子」練習

1 歌曲：《祝福》；詞：潘偉源、曲：梁弘志、主唱：葉蒨文

tip 11

怎麼痛，一起感受

痛楚難逃，苦能避免

何先生是一位老師，除了教學工作外，還要兼顧不同的功能小組、學生的課外活動，又要與家長緊密聯繫，每天都非常忙碌。可能因為生活緊張，他經常都受頭痛問題困擾。下個星期要開家長會，其中一位家長向來都很難溝通和應付，不知道是否有心理壓力，這個星期他的頭痛次數更頻密，有時更是頭痛欲裂，苦不堪言，在家長會前數天亦因頭痛而需要請病假。

譚女士是一位雙職媽媽，除了要照顧丈夫及孩子的起居飲食、替孩子檢查功課與溫習、安排課外活動以外，還要兼職家務助理幫補家計。當生活壓力再遇上每月的生理不適（俗稱M痛），令她百上加斤，很多時吃了止痛藥仍是痛。下個星期要開家長會，她的兒子向來活躍，她很擔心老師又會投訴兒子上課不專心、影響其他同學等。距離家長會的日

子愈近，她的壓力愈大，M痛的情況也愈嚴重，照顧家庭的任務也要委託奶奶去幫忙。

當遇上困難、經歷重大壓力的時候，壓力可能會在身體上呈現，而長期受痛症困擾的人，痛症或許會在此時復發或加劇。因此，當受痛症困擾的人遇到困難時，除了要面對眼前的難關，同時亦要面對加劇的痛楚，簡直是痛上加苦。他們更可能會因為痛症而減少令自己愉悅的活動，生活只剩下不能逃避的困難，就如第一章所述的「枯竭耗盡漏斗」一樣，令他們深陷於抑鬱或焦慮情緒。當中的無助感，身邊的人也未必能明白。

還記得第一章提到我們活得像一架自動駕駛的汽車嗎？面對長期痛症，我們亦會受「自動導航」的影響，執著地渴求未能即時得到的痛楚紓緩，以及執著地抗拒不能即時推開的長期痛症。這些執著會令我們的心情更加反覆不安，令我們不加思索、自動化地作出反應，例如胡思亂想、因痛症而不願進行合適的運動、放棄日常生活必要的活動等。

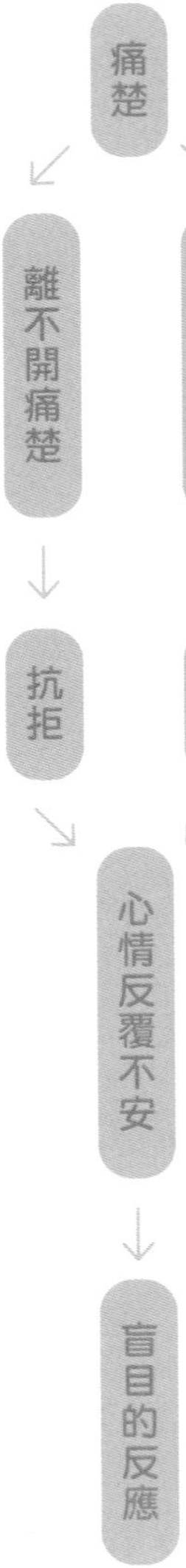

練習靜觀可以改變我們和痛症的關係。透過靜觀練習，我們的覺察力會有所提升。在認識與探索痛楚的過程中，我們可以更仔細地觀察痛的感覺。我們會慢慢地發現，「痛」的感覺並不是持久存在的，它會出現，又會消失；「痛」的強弱程度、位置、形式，亦可能隨時間轉變。覺察到「痛」的感覺出現時，我們亦可以好奇地觀察渴求或抗拒心的升起。嘗試抱持著溫柔的心，懷抱這些渴求或抗拒的執著，練習以平常心與「痛」共處。久而久之，面對痛症時我們就不再在痛上再加苦，心情也會較為穩定，我們亦能有空間作更有智慧的選擇。很多恆常地練習靜觀而又受痛症困擾的人發現，雖然靜觀沒有消除他們的痛症，但他們更能與揮之不去的痛症和平地共處，痛症對他們日常生活的影響也愈來愈少，就算痛楚依然存在，他們也能如常地上班、照顧家人，過著豐盛的人生。

痛楚 → 靜心覺察 → 不渴求、不抗拒、以平常心面對 → 心情比較穩定 → 有智慧的回應

要「痛而不苦」，對面對長期痛症的您，或許會覺得很遙遠，但「千里之行，始於足下」，盼望您願意從今天開始，帶著「無強求」的心與世上眾多面對長期痛症的人一起，以相同的靜觀練習去培養覺察。「怎麼痛，一起感受」[1]，一起學習對推不開的「痛」多一點接納、少一點執著，在痛之上少加上一點苦，我們也就可以多一分自在。

330 好習慣：學習與痛楚和平共處

想學習與痛楚和平共處，可以嘗試「21 天靜觀導航（痛症篇）」自學課程，透過靜觀練習認識及改變自己與痛症的關係，學習放下執著，和平地與揮之不去的痛症共處，向「痛而不苦」的人生邁進。

根據數據顯示，這個靜觀導航的用戶在以下各方面均有所改善，包括增加對痛症的接受程度、減少因為疼痛而感到憂慮、無助，以及身心健康有所提升等。

newlife.330 app
（iOS/Android）

1 歌曲：《不是每個戀曲都有美好回憶》；詞：陳樂融；曲：陳大力、陳秀男；主唱：郭書瑤

tip 12

睡不著其實沒有關係

不強求入睡，反而更易入睡

張小姐在跨國公司任職會計多年，半年前獲晉升。升職後，工作愈來愈繁重，沉重的壓力令她心情低落，睡眠也受影響，有時輾轉反側至深夜才能入睡，嚴重時甚至徹夜無眠。隨著失眠次數增加，張小姐上班時感到疲倦，集中力下降，並出現煩躁及焦慮的情緒。而當她想到「今晚又睡不著怎麼辦？」，她就感到擔憂及不安，愈接近睡覺時間，情緒便愈強烈，更不能入睡。每晚直到深夜還是眼光光，看著時間一分一秒流逝，她的心情更緊張，不斷想「我一定要快一點入睡！沒有八小時的睡眠時間，我就沒有精神應付工作，明天工作時一定會出錯呢！一定要快點入睡！一定要！」

在困難的時期，日間已經要比平常日子更操勞，如果晚上還要失眠，不能從休息中回復精力，可謂百上加斤。可是，一如世間上眾

多的事情，睡意也是不能強求的。我們可以在入睡前作好準備：在晚上預早關掉電子產品、調節合適的溫度、調校光線、穿著舒適的衣服、在睡覺前進行放鬆的活動等，讓睡意更濃，更容易入睡。但這些都不是萬靈丹，我們不能單靠這些來迫使自己入睡。現實是，愈強求快點入睡，就會更多的胡思亂想，心情就愈緊張煩躁，睡意亦愈追愈遠。然而，很多時當我們放下要立即入睡的執著，帶著無強求的心接納當下此刻未能入睡的事實，睡意反而會更易出現，然後我們就在不知不覺間——睡～著～了……

這個過程，不是跟練習靜觀很相似嗎？很多人都帶著自身的困難與問題去學習靜觀，可能是情緒困擾、身體痛症、長期失眠等，但如果我們強求要立即見到果效，則每次練習都會帶來壓力，結果適得其反。反之，帶著無強求的心持續地練習靜觀，接納改變是需要時間的，同時放下要立即見到成效的執著，除了有助提升覺察力以外，這些「無強求」「接納」「放下」的態度亦會隨著恆常的靜觀練習得以強化，我們就更能將這些態度帶進日常生活中，幫助自己應對生命中推不開的困難。而長期失眠，就是其中之一。

不少研究證據顯示，靜觀練習有效改善失眠。其實，間中的失眠是很常見的，但形成長期失眠的原因，很多時候是對失眠的抗拒感及焦慮感。持續的靜觀練習，可以提升我們的覺察力，在失眠時幫助我們留意到當下的情緒、思想、身體感覺。清楚地知道當下的狀態，我們便能有意識地選擇合適的方法，把注意力帶回到當下此刻，收拾渙散的心，不再捲進抗拒心及令自己更加困擾的念頭與情緒之中。稍稍的穩定下來後，內心的智慧或會提醒我們，那些與失眠相關的念頭與情緒只是心理活動，並不等同事實。我們可以選擇離開這思想與情緒的漩渦，容讓這些心理活動自然來去，心就不再被它們牽動，較容易平靜下來，睡意就會更容易出現。雖然練習靜觀不等於可以立即入睡，亦不能趕走失眠，卻能帶引我們溫柔地照顧受失眠所困的自己，預備我們的心，迎接睡意的來臨。

「睡不著其實沒關係」[1]，如何看待、回應失眠，卻可能會帶來不同的結果。如果失眠是您的老朋友，您願意透過持續的靜觀練習改變與失眠的關係嗎？

330好習慣：學習與失眠建立更友善的關係

如果您想改變與失眠的關係，可以參與「21天靜觀導航（失眠篇）」的自學課程，體驗以靜觀回應失眠，學習與失眠建立更友善的關係。

根據數據顯示，這個靜觀導航有助用戶改善睡眠狀況，以及減少抑鬱、焦慮的情況。超過80%的用戶改善了入睡困難、太早睡醒的情況，近70%用戶的睡前肌肉緊張、心跳加速、憂慮、心緒不寧、難以放鬆等情況均有所改善。

newlife.330 app

（iOS/Android）

1 歌曲：《我睡不著》；詞：秦旭章、楊其偉、林稚翎；曲：秦旭章；主唱：守夜人

tip 13

快樂難受嘴裡送，心裡還是空

帶著覺察進食，
適切地回應自己的需要

多年前的港產愛情喜劇《瘦身男女》，講述女主角遭受失戀的打擊後，飲食失去控制，令體重飆升至260磅，從窈窕美女變成胖女。事實上，很多人都有情緒性進食的習慣，例如在加班工作之後，吃杯雪糕來獎勵自己；與朋友鬧意見導致心情低落，吃甜品來紓緩情緒。

當我們有壓力或有困難時，有時會影響我們的飲食習慣和食慾，例如想透過大吃大喝去減壓，彷彿想「一口一口，吃掉煩惱和憂愁」[1]。有些人則完全沒有胃口進食，又或是在面對悲傷、焦慮等情緒困擾的時候，想吃甜食來平復情緒，希望從食物當中尋求撫慰。

用食物來紓壓未必是壞事，但如果在進食時，沒有覺察到內在的情緒或壓力，不假思索、不由自主地在情緒性進食，就只會「快樂難

受嘴裡送，心裡還是空」。這樣就可能會像《瘦身男女》的女主角一樣愈吃愈多，完全不知飽，不止會發胖，還可能會引致胃病及飲食失調等身體毛病。

情緒與壓力的確往往容易牽引我們到「不知不覺」的盲目進食模式當中，但只要帶著覺察，我們就能跳出這種自動化的反應，減少情緒式進食及失控的飲食習慣。

其實只要吃得合宜而非盲目地被情緒牽引，進食的確可以用來平衡情緒和健康，重點是我們如何找到那個平衡點，在不失控的情況下以進食去回應自己情緒的需要。例如，受壓時我們很容易想進食高糖分或高鹽分的零食，但我們可以停一停，想一想，這些是我真正喜愛的食物嗎？它們真的能幫助我平復情緒嗎？在容許自己以食物安撫自己的同時，嘗試帶著智慧為自己選擇更好的食物，幫助我們用更合適、更有效的方法去照顧自己。

透過靜觀練習，我們可以慢慢嘗試帶著覺察，決定如何回應情緒的需要。我們可以帶著無強求的心態，不強求自己一定要跟從一些硬性規則及健康的飲食習慣去進食，也不需要完全禁止情緒式進食。我們可以藉著覺察，決定甚麼時候容許自己為了紓解情緒而進食，學習「接納」當下的情緒，好好地與起伏不定的心相處，並嘗試帶著智慧，去決定用更合適的方法照顧受情緒所困的自己。

330好習慣：帶著覺察改善飲食習慣

不少外國研究證實，靜觀課程可以幫助受飲食困擾的人士改善飲食問題，包括減少情緒化飲食、減少與飲食相關的壓力及情緒問題。大家不妨可以嘗試「21天靜觀導航（飲食篇）」自學課程，親身體驗一下。

根據數據顯示，這個靜觀導航的用戶在以下各方面均有所改善，包括減少不受控飲食的情況、減少因情緒而暴飲暴食的情況，以及身心健康有所提升等。

newlife.330 app

（iOS/Android）

1 歌曲：《一口一口》；詞：韋禮安；曲：韋禮安；主唱：韋禮安

21天靜觀導航失眠篇／痛症篇／飲食篇的參考資料：

Garland, S. N., Carlson, L. E., Stephens, A. J., Antle, M. C., Samuels, C., & Campbell, T. S. (2014). Mindfulness-based stress reduction compared with cognitive behavioral therapy for the treatment of insomnia comorbid with cancer: a randomized, partially blinded, noninferiority trial. *Journal of Clinical Oncology*, 32(5), 449-457.

Gross, C. R., Kreitzer, M. J., Reilly-Spong, M., Wall, M., Winbush, N. Y., Patterson, R., & Cramer-Bornemann, M. (2011). Mindfulness-based stress reduction versus pharmacotherapy for chronic primary insomnia: a randomized controlled clinical trial. *EXPLORE: The Journal of Science and Healing*, 7(2), 76-87.

Kabat-Zinn, J. (2003). Mindfulness-based interventions in context: past, present, and future. *Clinical Psychology: Science and Practice*, 10(2), 144-156.

Kabat-Zinn, J. (2013). *Full catastrophe living, revised edition: how to cope with stress, pain and illness using mindfulness meditation*. Hachette UK.

Klatt, M., Norre, C., Reader, B., Yodice, L., & White, S. (2017). Mindfulness in motion: A mindfulness-based intervention to reduce stress and enhance quality of sleep in scandinavian employees. *Mindfulness*, 8(2), 481-488.

Kristeller, J., Wolever, R. Q., & Sheets, V. (2014). Mindfulness-based eating awareness training (MB-EAT) for binge eating: A randomized clinical trial. *Mindfulness*, 5(3), 282-297.

Lauche, R., Cramer, H., Dobos, G., Langhorst, J., & Schmidt, S. (2013). A systematic review and meta-analysis of mindfulness-based stress reduction for the fibromyalgia syndrome. *Journal of Psychosomatic Research*, 75(6), 500-510.

Miller, C. K., Kristeller, J. L., Headings, A., & Nagaraja, H. (2014). Comparison of a mindful eating intervention to a diabetes self-management intervention among adults with type 2 diabetes: a randomized controlled trial. *Health Education & Behavior, 41(2), 145-154.*

Veehof, M. M., Oskam, M. J., Schreurs, K. M., & Bohlmeijer, E. T. (2011). Acceptance-based interventions for the treatment of chronic pain: a systematic review and meta-analysis. *PAIN®*, 152(3), 533-542.

Winbush, N. Y., Gross, C. R., & Kreitzer, M. J. (2007). The effects of mindfulness-based stress reduction on sleep disturbance: a systematic review. Explore: *The Journal of Science and Healing*, 3(6), 585-591.

Zhang, J. X., Liu, X. H., Xie, X. H., Zhao, D., Shan, M. S., Zhang, X. L., & Cui, H. (2015). Mindfulness-based stress reduction for chronic insomnia in adults older than 75 years: a randomized, controlled, single-blind clinical trial. EXPLORE: *The Journal of Science and Healing*, 11(3), 180-185.

第三章

苦上不添苦

在日常生活中，總會有些令我們減少活力的「耗損活動」，如工作、責任等。若我們投放太多時間進行耗損活動，而沒有時間做些自己喜歡、為自己加油的「滋養活動」，整個人就會很容易耗盡（Burn-out），對每件事都失去動力。對於責任心重的朋友來說，要放下一些必要做的事可能不容易，但也可儘量提醒自己學習以靜觀的心態去覺察自己的執著，並在可行的情況下，避免過多的耗損活動，以取得生活的平衡。特別是在壓力繁重的日子，減少進行耗損活動有助減少壓力來源，避免令自己苦上添苦。

要大膽向著無常大世界，
我都可以說不

tip 14

您不可能所有事都做到最好，只選擇真正重要的

曾經聽過一位廣告界出色的管理者分享成功心得：有效地運用時間，將所有工作依照緩急輕重排出處理順序，可以提高工作效率，也令生活更輕鬆。

這位廣告人的時間管理方法，主要參照了美國管理學家柯維（Stephen Richards Covey）[1]所推廣的時間管理方法。這個方法把我們要處理的工作或事情按照「重要」和「緊急」兩個準則進行劃分，分成四個範疇：緊急且重要、重要但不緊急、緊急但不重要、不緊急也不重要。而這位廣告人處理事情的順序是：

1 緊急且重要：

一些突發性或必須儘快處理的事情，例如將屆死線的工作任務、到期的賬單、急病要動手術和客戶投訴等；

2 **重要但不緊急：**

主要是與生活質素有關，包括學習及技能培訓、建立人際關係、長遠的規劃和制定預防措施等；

3 **緊急但不重要：**

多是一些被動的事情或邀請，以及臨時要應對的事情，例如電話響起、突如其來的訪客及會議等；

4 **不緊急也不重要：**

一些在困難時期不值得花太多時間的事情，如整理不再使用的舊文件檔、過於堅持整潔而花太多時間清潔家居等。

對於很多人來說，可能都會習慣先處理緊急的事情，所以會優先處理1.緊急且重要，及3.緊急但不重要的事情。可是廣告人卻說：「重要的事情必須要優先處理。」他認為很多人都喜歡「臨急抱佛腳」，不急的事雖然重要，卻遲遲也不做，直至拖到事情由不緊急變成緊急，才急就章地處理。這樣會令我們突然壓力大增，而且由於事前計劃不足，以致質素及成效都不高，更可能連帶造成其他工作的負擔，形成惡性循環。

困難時，我們已經有很多事情需要處理，如果能以「緊急」及「重要」作為處理事情優次的考慮原則，工作和生活也會更加有條理。當我們要選擇「放下」一些「耗損活動」時，也可以根據這個原則，暫時擱下不緊急也不重要的事情。至於一些緊急但不重要的事情，不需花太多時間在裡面打轉，可以在可行的情況下儘量減少進行，或者嘗試將這些事情交給別人去做，減輕自己的擔子。在困難時候，心情容易起伏不定，更需要減少處理不重要的事情，專心規劃重要事務，這樣可以令我們減少壓力及心理負擔，避免讓低落的情緒百上加斤。

330 好習慣：「放下」要做好所有事的執著

我們每天都有那麼多的事要做，想把每件事都做到最好是不切實際的。嘗試放下對自己過於嚴苛的要求，在生活中合理地安排放下一些不重要的耗損活動，專注做好重要的事便可以了。告訴自己：「如渴望說不就說不」[2]。

1 Stephen Covey (1989), *The 7 Habits of Highly Effective People*

2 歌曲：《我可以說不》；詞：周耀輝、曲：胡文 @adLib、主唱：洪卓立

tip 15

只想追趕生命裡一分一秒，
原來多麼可笑

學習放下，別逼得自己太緊

在討論區看過一個名叫《衝衝衝》的奇幻故事：

有一個男子每天工作都很忙，經常在追追趕趕，習慣每天都「衝衝衝」，以致自己逐漸被這種生活模式所支配，忽略了如何照顧自己，好好生活。

一天晚上，他如常地在公司加班。由於太累的緣故，他不知不覺地在伏在辦公桌上睡著了，醒來時發現已過了午夜十二時，他連忙跑到港鐵站趕上尾班車。

列車快要開出，他趕緊在車門關上前一刻衝進車廂。車廂內一位紳士打扮的人突然對他說：「您每天如此勞役自己都不過想早點死吧！好的，我讓您心想事成，坐上這『死亡列車』。既然要死了，就坐下來讓自己輕鬆

一下吧，反正您已經很久沒休息過了！」男子才知道自己已經死了！

故事雖然純屬虛構，但也令我們反思自己的生活：停不了的「衝」，到底有甚麼價值？還是到最後發現自己「只想追趕生命裡一分一秒，原來多麼可笑」[1]？

香港人一向出名拼搏，就像蜜蜂一樣，每天為生計追趕，每天日程都排得滿滿，生活上充滿各種死線，每天抵受著追趕一個又一個死線的巨大壓力，甚至不自覺地背上超出自己所能負擔的重擔。即使偶爾停下來問問自己：「我有多少時間陪伴家人？有多少時間做運動？有多少時間學自己想學的東西？有多少時間做自己想做的事情？」也不過說說而已，然後只能苦笑。

要減少衝死線的壓力，有效的時間管理、分清事情的輕重緩急、適當地拒絕別人的請求、設立實際可行的工作期限，以及減少拖延至最後一刻才完成的陋習，都是其中一些可以考慮的方法。但有時候，面對死線的最大壓力，可能是擔心自己無法如期完成而帶來的後果。

除了追趕死線，上班族在工作上還有很多執著，其中一個典型的例子，是不放心將權力下放予下屬，擔心工作會因此出亂子。其實權力下放不等於撒手不管或隨意放任，相反，適當的分工合作有助提高工作效率。

在這個情況下，我們可以觀察自己有這些執著，留意由這些念頭而引起的情緒及身體反應，並嘗試用平等的心，不加批判地覺察每個經歷。我們更特別需要留意自己身心的限制，同時在可行的情況下，選擇放下對死線的執著，適時與上司討論並作出調整，可能事情能有更多轉彎的餘地，亦是減少耗損活動的其中一個方法。

330 好習慣：放下對死線或其他念頭的執著

做事認真的人，可能特別容易因為對自我要求的執著，而陷入自責與負面情緒的漩渦中。在困難時以關懷自己的心，覺察自己的限制，提醒自己除了要留意「我應該要完成甚麼」的同時，也要如實地覺察自己這一刻的能力實際可以做到幾多。學習放下執念，適當地調整心態，才可以看到長遠處理問題的不同方法。

1 歌曲：《追》；詞：林夕、曲：李迪文、主唱：張國榮

tip 16

照顧自己，作出可行的生活小改變

最溫暖的改變，是自然而然的體貼

都市人都習慣了忙碌的生活，每天遊走在處理不完的工作與日常瑣事之間，漸漸地，我們覺得生活枯燥乏味，無奈之餘，又覺得難以改變，即使想要減少令我們失去活力的耗損活動，卻談何容易。其實，只要我們抱持照顧自己的心，就算只是一個小小改變，也是重要的一步。

日常生活中，其實有很多令自己感覺懨悶的繁文瑣事，我們可否嘗試作出一些小改變，讓磨人的事務變得稍為輕鬆一點？例如：

● 每天坐港鐵上下班，又擠迫，又沒位子坐，車廂內又焗又悶，令人心情鬱悶

○ 偶爾乘坐其他公共交通工具如巴士或小巴，可能有位子坐，又可以沿途欣賞窗外風景，身心都會變得愉悅起來

● 每天早上趕上班，放工太晚，匆匆忙忙趕回家吃飯，日日如是，好像生活就只有工作

○ 試試放工時早一個車站下車，步行回家，又或者晚飯後到樓下或附近公園散散步，讓肚皮鬆一鬆，也可給自己一個休息的空間

● 整天都緊張兮兮地留意手機有沒有來電或短訊，一有信息便馬上查看；自己傳了短訊給別

人，對方未回又會感到不安，整天都很有壓迫感

○ 一天中找個時間放下手機，就算短短數分鐘也好，享受獨處，也可以全心投入地與朋友互動溝通，或者專注地享受親子時間，讓自己暫時放下對手機的依賴

● 家中雜物總是等到堆積如山才逼著整理，執拾很累人，要清理心愛物品又難以取捨，但不執拾又會愈堆愈多，自己也看不過眼，因此感到莫名的煩躁

○ 每日整理家中一個小角落，可以是一個抽屜、一張桌子或一格衣櫃，從較顯眼的雜物堆開始入手，並設定在十至二十分鐘內完成，讓自己有滿足感之餘也不至太勞累，甚至可在達成小目標後獎勵自己

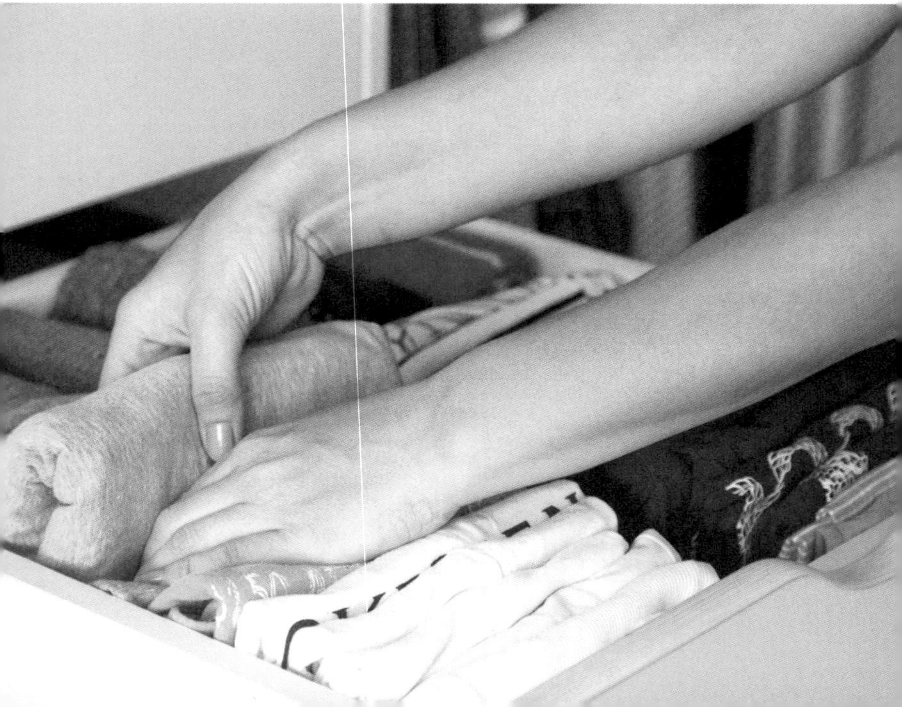

● 一大清早駕車上班已很疲累，偏偏遇上大塞車，心情焦急又煩躁

○ 駕車時播放自己喜歡的音樂，令自己心情愉快；等候轉燈或遇上塞車時，可以將注意力帶到呼吸上，或是留意周圍的環境（如天空、樹木、飛鳥等等），幫助自己安定下來，專注當下，減少被煩躁情緒的牽引，覺察自己當下身體的感覺、情緒、念頭。喜歡的話也可以進行靜觀練習呢！

330 好習慣：小小改變，或許就可減少壓力

在生活中作出可行的小改變，或許可以減少耗損活動為我們所帶來的壓力。這些小改變都是「最溫暖的改變」，因為都是為了更好地照顧自己而作出的，「不是妥協，而是了解」，只有「留空間才能放幸福」[1]。

1 歌曲：《溫暖的改變》；詞：姚若龍、曲：藍婷、主唱：江美琪

tip 17

有誰能來幫幫忙

向別人求助的勇氣

「我維持不哭一陣子，想證實我沒事。」很多人遇到困難時，也許都會「死撐」自己沒事，明明需要幫助，卻又不喜歡麻煩別人，不想開口求助。一想到要請人幫忙，即使只是「有些事情不懂、要向人請教」的小事，也會感到不自在。

不願意開口求助的原因有很多，可能是：一、礙於面子，不想低聲下氣去求人，怕看別人臉色；二、讓自己覺得很失敗無能；三、讓人覺得自己很沒用，依賴或想不負責任；四、擔心會打擾別人，要對方騰出空間和時間來彌補自己的不足，感到不好意思；五、如果對方拒絕自己會感到尷尬，又怕對方會伺機批評自己，令自己受到傷害；六、即使對方答應幫忙，又會覺得欠了對方人情，為著不知要如何回報而感到不安。

每每想到要開口求助所面對的難處，很多人就會選擇把事情攬下來，獨自想辦法解決，也不去拜託別人。結果，這些事情變成了自己的耗損活動，為自己帶來沉重壓力，弄得自己累得要命，亦感到孤立無援，身心無力。

我們不想求助，是源於害怕沒面子及一些執著的念頭。事實上，只要願意開口說一聲：「有誰能來幫幫忙」[1]，可能會發現自己的種種憂慮都只是杞人憂天，很多時大家很樂意幫助您，事情也沒有想像中困難。

美國開國元勛之一班傑明・富蘭克林（Benjamin Franklin）在他的自傳[2]中提到：他獲提名選舉聯合大會的會議代表時，曾有一位頗有影響力的新會員發言反對他，並提出解除他的職務，不過他最後仍然獲選了。有一次，他想看一本書，但那本書並不易找。他聽聞那位會員有很多珍貴的藏書，於是寫了一封短箋，請對方把那本書借他閱讀幾天，沒想到對方馬上請人送書。後來二人在議院碰面，對方主動跟富蘭克林說話，而且相當客氣。從此之後，那位會員更樂意在各方面為富蘭克林提供協助，二人也成為了好朋友。

這個故事讓我們明白到，就算求助的對象是跟自己意見不同、曾經跟自己有誤會，又或者不熟悉的人，對方也不一定會拒絕請求，甚至可能會因為自己願意踏出一步而增加彼此的了解，打破隔閡。當我們打開心扉，說出自己的困難並願意尋求協助時，我們可以看見不同的可能性。

330 好習慣：以開放態度尋求及接受協助

有時候真的需要別人幫忙時，就要尋求外界的支援，例如經濟出現困難，可能需要申請公屋及綜援；在傳染病流行時，防疫物資不足，可能要向朋友尋求支援；情緒出現問題，可以向親友傾訴，紓解內心的鬱結，如情況持續，就要尋求專業人士的支援。每個人都會遇上困難的時刻，也有很多事情不是自己一個就能應付，所以求助並不可恥。敞開心扉，爭取自己需要的支援，這是解難的其中一個有效途徑。

1 歌曲：《夠不著的您》；詞：小寒、曲：林耕禾、主唱：安心亞

2 Benjamin Franklin (1791), *The Autobiography of Benjamin Franklin*（譯本：《他改變了美國，也改變了世界：富蘭克林自傳》，李夢圓譯，久石文化。

當環境不再容許或適合留戀，
學習隨遇而安

人生不是所有時間都是順境，人人都會面對高低潮，例如經濟總有起落，經濟不景時，各行各業都面對極大的經營困難。不過，也不要小覷我們的適應能力，所謂「馬死落地行」，不少人在危機中找到不同的應變方法，例如餐廳食肆由堂食為主，改為加強外賣服務；樂手轉行做司機，靠自己養活家人；公司倒閉，老闆轉職保安員，從低做起。總之只要肯變通，就天無絕人之路。

除了社會大環境外，更貼身的當然是我們每天身處的「小環境」（如公司及學校等）為我們帶來的壓力與影響。有些人每天都很努力工作，但日子久了，換來一身病痛和疲憊的身軀，而且可能因為得不到上司賞識、自己的專長得不到發揮、與同事合不來，又或是工作量太多、工時太長等，以致日復日做得不開心。有些學生不喜歡上學，可能因為能力與學校背景不相配，又或學校與個人才能不相符等等。

當我們發現自己不再想上班或上學、討厭身邊的一切、心中只剩抱怨，那麼我們可能已經陷入死胡同，要重新衡量現時的環境是否適合自己——不單是工作及學校的環境，也可以是搬屋或移民、開展或結束一段關係等。這些的確是重大的決定，所以要提醒自己，容許自己花足夠時間好好想清楚，不需要急於一時做決定。您可以設好時間期限，讓自己在限期內好好認真考慮清楚，看看是否需要作出改變。

在考慮轉變的時候，可能我們又會出現很多憂慮：「如果找不到工作怎麼辦？」「要改行做其他工作，薪金可能比現在低，那麼我還可以維持現在的生活質素嗎？」「這行做了那麼多年，所有工序都駕輕就熟，其他類型的工作是否做得來？」學生在考慮轉校或轉學系的時候，也可能會有很多擔心：「每間學校的教學進度都不同，我是否能跟得上？」「跟這裡的同學已混熟，去到別處不知道能否適應？」

面對生活上的大轉變，出現憂慮是很自然的事，因為這些改變意味著要放下建立已久的習慣、放下安穩的現狀、放下自己不捨的人和事、放下不想放下的種種等。我們可以坦然承認心中的掙扎，覺察自己希望可以繼續留在舒適區的渴望，在安靜中審視自己的理智與感性，聆聽一下自己心中的答案，也容

許自己未必能夠一時三刻就找到答案。此外，當我們作出改變前，當然要慎重考慮，並找家人及朋友商量，聆聽不同的意見，權衡輕重，才作出適合自己的決定。

330 好習慣：放下對過去及習慣的執著

做了一份工作多年，很多事情都習慣了，包括工作性質、流程、環境及同事等，而除了投放了很多時間和心力之外，我們或多或少都會對公司有感情。也許是公司改變了，又或許是自己改變了。如果在仔細考慮後發現工作真的不再適合自己，可以彈性地因應自己的能力和需要而作出改變。「練習擁抱所有的發生」，學習「隨遇而安，於是甚麼難關，甚麼都不難」[1]。

1 歌曲：《隨遇而安》；詞：蕭賀碩、曲：蕭賀碩、主唱：李代沫

第四章

苦中加點甜

要保持身心健康不是一朝一夕的事，而是需要善用時間，每天持之以恆地進行滋養身心的活動，才可以幫助我們加強處理壓力及應付低落情緒的能力，促進身心靈整體健康。

早在十多年前，英國已大力推行提升身心健康的方法，透過整理多年的研究結集成五大提升身心健康的方法[1]，包括：提升活動量（Be Active）、與人連繫（Connect with others）、終身學習（Keep Learning）、付出（Give）及覺察（Take Notice）。

在日常生活中多做滋養活動，例如做些開心舒暢的活動、做些讓自己有駕馭感、滿足感、成功感的活動，以及以靜觀的態度做事，並且將這些行動培養成為習慣，持之以恆地去實踐，我們便可以好好照顧身、心、靈（330）健康。只要我們培養每天關注身、心、靈健康的習慣，那麼當我們在壓力繁重的日子，就可以用這些方法作為工具，去調整低落的情緒。

1 參考資料：

1. Jody Aked & Sam Thompson (2011), Five Ways to Wellbeing, New applications, new ways of thinking, developed by NEF (The New Economics Foundation), a report presented to the Foresight Project on communicating the evidence base for improving people's well-being https://neweconomics.org/uploads/files/d80eba95560c09605d_uzm6b1n6a.pdf

tip 19

動起來，為新的力量喝采

從小處做起，每天來點運動吧！

當您聽到「運動」這詞的時候，心中想到甚麼？對一些經常坐著的人來說，他們可能聯想起揮汗如雨、疲憊、氣喘吁吁，辛苦不已，甚至很怕做運動。同時，亦有人會覺得自己體格與身形不理想，覺得自卑、挫敗和無望。

大家都知道適量運動能促進身體健康，但原來「每一滴汗滴下都有用」[1]，還可以有益心理健康。運動會刺激大腦分泌一種名叫安多芬（Endorphins）的化學物質——一種令人感到愉快的荷爾蒙。很多科學研究發現，適量運動能幫助我們集中、改善疲勞、改善睡眠，以至紓緩低落或緊張的情緒[2]。

既然運動帶來這麼多好處，為甚麼很多時候，我們都很難每天安排時間做運動，令運動成為生活的一部分？其中一個常見原因，是我們已經很疲累了，特別是工作一整天後不想再活動，只想坐在沙發休息。可是，在這個時候去活動一下緊繃的肌肉，或許是更適合地照顧自己的方法。

開始培養運動習慣時，我們可嘗試先做一些比較輕鬆的，如散步或緩步跑。初期可能會很吃力，但這就如熱身，可以啟動我們心中的引擎，慢慢提升我們的動力，也讓自己有些初步的成就感，從而驅使自己慢慢增加運動量及養成定時運動的習慣，長遠對我們的情緒健康有幫助。

選擇運動時，以照顧自己為大前提，不需要讓自己筋疲力竭，而是要適度。可以參考以下小貼士，讓做運動變得更愉快：

1 選擇自己喜歡和覺得好玩的運動；

2 讓運動成為身心的小休息時間，專注運動，好好了解身體當下此刻的需要，即使是短時間，也可讓我們暫時放低工作及煩惱；

3 適度運動，不要對自己作不合理的要求。嘗試把注意力放在運動的過程而不是結果上；

4 把運動作為社交活動，與朋友或家人相約進行運動，有助建立運動的習慣；

5 和孩子一起享受運動的樂趣，如一起打球、踏單車等，除了可增加親子話題，也可讓運動成為家庭生活的一部分。

330好習慣：養成運動的習慣（提升活動量）

做運動時享受其中，投入活動的過程，也可以留意自己在養成運動的習慣後身心狀態的改變，如體力是否比以前好了？或者把運動和其他活動或目的結合在一起，如社交及親子時間，讓這些樂趣成為持續運動的動機，這樣會比較容易把運動培養成生活習慣。平日沒有定時運動的您，今天就開始動起來吧！

如果想從一些較輕鬆的運動入手，不妨嘗試練習太極。太極能有效強化肌肉，讓多坐少運動的都市人強健身體。家長與子女一起學習太極，除可強身減壓外，更有助促進親子關係，令家人相處更融洽。

邀請大家跟隨太極青年團主席李暉的帶領，進行一套3分30秒的太極熱身運動，學習以太極養生保健，調和身心。

【3'30" 體驗】
330太極操短片

1 歌曲：《動起來》，詞：小美，曲：伍樂城，主唱：郭富城

2 參考資料：

1. Dfarhud, D., Malmir, M., & Khanahmadi, M. (2014). Happiness & health: the biological factors-systematic review Article. *Iranian journal of public health*, 43(11), 1468.
2. Hartescu, I., Morgan, K., & Stevinson, C. D. (2015). Increased physical activity improves sleep and mood outcomes in inactive people with insomnia: a randomized controlled trial. *Journal of sleep research*, 24(5), 526-534.

tip 20

明天總會是個新學期，
終生制……

嘗試新事物，為生活注入驚喜

在日程排得滿滿的每一天，我們都習慣了「點對點」（來回家中及公司）地生活，每天流程重複，營營役役，日子久了，不免會感到枯燥乏味。想要增加「滋養活動」，為生活注入一點趣味，卻苦無頭緒或缺乏動力。久而久之，我們難免會感到情緒低落，甚至有無力感，好像做甚麼都改變不了現狀。

事實上，改變有時並不如我們想像中困難。只要為生活加上一些新鮮事，例如學習新事物，或嘗試用全新角度去欣賞身邊的人與事，即使微不足道，也許已可以刺激一下生活，帶來一點轉變和衝擊。

簡單如在網上學習製作飲品或甜點、閱讀一本新書、看一套感興趣的紀錄片，也可以為生活帶來一點趣味。例如早前爆紅的「400次咖啡」（焦糖奶蓋咖啡）及「1,000 次

梳乎厘」班戟奄列，都在社交媒體掀起一股熱潮，吸引不少網民在家挑戰。在這個網上資訊發達的年代，只要在Google、YouTube之類的資訊網站簡單搜尋，就可以透過文字圖片或教學示範影片，學習各款簡單易做的美食。過程中，我們可以全情投入，好好享受屬於自己的「me time」，亦可以邀請家人及朋友一起加入挑戰，分享DIY的成果，增添趣味及話題性。

我們又可以嘗試一些自己從未接觸過、較有挑戰性的活動，如空中瑜伽、製作陶瓷等，又或是投入需要持續學習的新事物，如樂器、藝術創作、運動項目及烹飪等，以保持自己的學習動力和興趣，讓我們在平凡日子裡找到趣味。我們也可以重拾成長時的興趣，如繪畫、跳舞等，讓自己尋回生活的熱情。

即使是我們本身經常會做的餘暇活動，也可以嘗試用全新角度去投入其中。例如在跑步時，試試轉換另一條新路線，或在那條早已踏遍無數次的街道慢下來，細心欣賞沿途的花草樹木；品嚐咖啡時，除了味覺與嗅覺的享受，也可以留意咖啡的顏色及溫度等。

嘗試甚麼也好，只要「活到老，學到老」，人生才會處處有驚喜，處處有發現。因此，每天都是我們的「開學禮」[1]，「明天總會是個新學期」，而這個學習制度是「終生制」，是不斷延續的一趟旅程。

330 好習慣：學習新事物（終身學習）

在日常生活中嘗試新事物，學習一些新知識，可以保持我們對生活的熱情，也可使我們的適應力提升，在面對轉變時也可減低焦慮感。

對於一些喜歡咖啡的朋友，除了學習「400 次咖啡」外，也可以體驗手沖咖啡。以下是一個大約三分半鐘的手沖咖啡示範短片，大家可以嘗試在家中沖調自己喜歡的咖啡，即使沒有手沖咖啡用具，以咖啡掛耳包也可以讓您享受屬於您的咖啡時光。

花香咖啡
手沖體驗

1 歌曲：《開學禮》；詞：黃偉文；曲：吳國恩；主唱：李克勤

tip 21

由今天，承諾我目標

由定下小目標開始，逐步重新掌握人生

有目標會讓我們的心比較安定，讓我們專注地向著目標進發，做起事更能心無旁騖，減少胡思亂想。而達成目標後，我們會有成功感，感覺充實滿足。

每逢年底，我們總會為新一年訂下新的目標。可是很多時我們雄心壯志的寫下很多目標，最後過了一年才發現自己沒有完成多少，因而感到氣餒或失意。

其實，定立目標時可更符合現實一點，尤其在困難時期，短期容易達成的小目標或許更合適，否則很快會令自己感到氣餒，適得其反。我們可以參考「SMARTER」目標設定法[1]，讓自己完成後可以提升成就感及駕馭感，就算小如執拾好抽屜、清洗馬桶等小目標，也可以成為滋養活動。以下是「SMARTER」目標設定法中提出、設定目標的特點：

Specific 明確、具體、詳盡
Measurable / Observable 可量度／觀察到的
Achievable 可達到的
Relevant to your situation 切合自己的情況
Time-bound 有時間限制的
Evaluate 檢討成果
Reward 達標時獎勵自己

我們可以把要做的事分成很多小步驟，每次完成一個，做完就恭喜自己。在實踐目標的過程中，也可以抱著靜觀的態度進行：

1 專心：專注當下，全情投入，不沉溺於過往的困難，也無需思慮太長遠的下一步

2 不加批判：不需對所要實行的目標加上過於固執的期望，如過程中的感受、完成後的結果等，儘量以開放的態度去做每件事

3 無強求：嘗試放下「一定要做到」的期望，根據現實情況按部就班地去進行

「不是因為看見希望而堅持，而是因為堅持才看見希望。」我們常常覺得我們的行動取決於感覺，其實反過來行動也可以慢慢改變我們的感覺。當我們把注意力放在一個小目標並持續地專注於實踐它，便會慢慢看見改變與希望。讓我們在經歷低潮時仍能保持盼望，相信「這裡會有希望」[2]。

330 好習慣：由小目標開始，提升成就感及駕馭感（終身學習）

嘗試在生活中定下小目標，做一些讓自己有駕馭感、滿足感、成功感的活動，例如是收拾抽屜、處理好賬單、整理好手機內已過期沒用的訊息、資料及相片，又或是做一些一直拖延沒做的事，如每天做十分鐘伸展運動、每天記錄一件感恩的事等。

只要由小事情做起，不時給自己一些小目標，就可以讓自己享受在日常中完成小目標的踏實感。

1 Michael Hyatt (2018): *Your Best Year Ever: A 5-Step Plan for Achieving Your Most Important Goals*, Baker Books

2 歌曲：《差一點我們會飛》；詞：陳心遙；曲：戴偉；主唱：黃淑蔓及英仁合唱團

tip 22

愛與愛，在互動

與人連繫，好好照顧自己的心

您還記得上一次跟鄰居交談，是甚麼時候？
跟同事聚餐只是閒聊，不談公事，是甚麼時候？
跟好朋友一起舉杯暢飲，是甚麼時候？
跟父母閒話家常，是甚麼時候？
跟孩子擁抱，是甚麼時候？
輕撫寵物，感受牠身上毛髮的細軟觸感，又是甚麼時候？

長時間為生活奔波，似乎是現今都市人的寫照。我們不是在解決問題，就是在思考如何解決問題，然後一天下來，筋疲力盡，再沒有心思跟身邊的人談談天，或花時間跟親友互動。工作壓力讓我們放工後仍憂心忡忡，無法集中投入朋友的聚會，無法專注地與家人共進晚飯，或與孩子及寵物玩樂。還記得「枯竭耗盡漏斗」嗎？如果因為沒有時間或沒有心情，而逐漸減少這些能夠滋養我們身心的活動，漸漸地生活就只會剩下責任與壓力，令生活失去平衡。

美國哈佛大學醫學院[1]進行過史上最長的心理研究，探索「如何能擁有快樂人生」。研究人員花了將近80年，訪談了多位成年人，由他們年青時期一直追蹤到其晚年。最終發現，與家人、朋友、所屬的圈子保持較多聯繫的人，心靈與身體都會較健康；而良好與融洽的關係，對比起多衝突少溝通的相處，更能對身心健康起保護作用；若然晚年時能感受到有可以依靠的對象，無論對方是朋友、親人或伴侶，也對大腦健康有正面影響。從中，我們得出了一個重要的訊息：良好的關係，是讓人維持快樂與健康的秘訣。

「全個世界，幾多種，愛與愛，在互動」[2]，愛是一種互動，而這種互動也是照顧身心靈健康其中一個有效的方法。在相處時，我們不妨善用與家人、朋友、孩子，甚至是寵物互動的時間，嘗試不帶前設地、不批判地，如實地觀察當前一刻對方及自己的身體感覺、想法和情緒，充分感受每一刻的經驗，讓這段時間成為專屬於大家的「quality time」，而不受其他事物干擾。

在遇到艱難和痛苦的時候，我們更可以透過與他人聯繫，稍稍撫慰失落的心情，好好照顧自己的心。

330 好習慣：互動與聯繫（與人連繫）

我們很多時都會因為忙碌而忽略了自己重視的人。嘗試全情投入在彼此相處的時間，給予對方全然的關注，感受當下一刻，也是一個照顧身心靈健康的小休息時間。

例如為人父母，可以嘗試在親子過程中留意不同的感官，例如視覺、聽覺、味覺、嗅覺、觸覺等感覺，去讓這一刻的感受來得更深刻。我們可以在遊玩時仔細地觀察孩子的動作與神態、聆聽他的聲線；與孩子擁抱時充分感受他皮膚或頭髮的觸感或溫度，甚至嗅一下他的氣味。

孩子每一日都在變化，當我們放下前設，每一次也彷彿第一次看到這個孩子，帶著好奇心去重新感受自己的孩子時，可能又有多一重的體會。邀請大家嘗試以下的靜觀孩子練習，看看是否有不同的體會？

https://dayday330.newlife330.hk/dayday330microbreak/

1 由哈佛大學醫學院臨床精神病學教授羅伯威丁格 Robert Waldinger 進行的「幸福感」（Happiness）研究，可參考他主持的 TED Talk: "What makes a good life? Lessons from the longest study on happiness" https://bit.ly/36DvTq7

2 歌曲：《世上只有》；詞：黃偉文；曲：陳光榮；主唱：容祖兒

tip 23

微風中笑著願隨互愛精神

幫助人的小確幸

不知道大家有沒有試過以下的經歷：在擠迫的地鐵車廂內，有個年紀老邁的婆婆提著大包小包的袋子，蹣跚地走進車廂中。您毫不猶豫地站起來，把座位讓給婆婆，婆婆連聲道謝，還露出燦爛的笑容。當時您感覺有一股暖流在身體流過，覺得既溫暖又快樂。

為甚麼只是做了一件那麼小的事情，卻感到如此快樂呢？難道真的是「助人為快樂之本」？原來這句話不只是老生常談，更是有科學根據的。有研究顯示[1]，當我們在無條件付出時，會產生歡欣感及滿足感，大腦更會分泌令人愉悅與放鬆的多巴胺，讓我們感覺良好。

也有研究顯示[2]，經常幫助別人的人，情緒均較為正面，遇到壓力時較少出現負面情緒，因此幫助別人，其實也是幫助自己。同時，

當受助者向自己致謝時，也會增加正面情緒，減少負面情緒。可是，當我們處於困難時期，壓力通常會導致心情鬱悶，缺乏動力去幫助別人。而當我們心情低落時，也很容易將注意力纏繞於自己的問題上，這種聚焦於自身的注意力也往往與情緒問題形成惡性循環。為其他人伸出幫忙之手，可暫時將注意力挪開，不再糾纏於自身的思想漩渦當中。

在日常生活中助人，善舉可能微小，卻有不可忽視的意義。跟管理員微笑打招呼、下雨天在巴士站為沒帶傘的陌生人遮雨、順道為同事買午餐、買旗、購物時向店員道謝……可能我們早已將善舉融入日常生活，只是自己沒有留意，也沒有留意這些小事為我們帶來的快樂。

除了每日行善外，我們也可以投身義務工作，參加互助小組或倡議團體等，為更多有需要的人服務。為一些超越我們自身福祉、比自身有更大意義的目標投放心力，也是維持身心靈健康的方法之一。

330 好習慣：助人為快樂之本（付出）

助人是利他行為（altruistic behavior），一種不期望任何回報而自願付出的行為。它就像一顆善念的種子一樣，透過每天行善來培植，就會逐漸發芽成長。在栽種的過程中，這份善意可以幫助我們獲得快樂，甚至可以讓自己找到生命的意義。誠邀大家在「微風中笑著願隨互愛精神，心相近，愛愈近」[3]。

參考資料：

1 Nelson, S. K., Layous, K., Cole, S. W., & Lyubomirsky, S. (2016). Do unto others or treat yourself? The effects of prosocial and self-focused behavior on psychological flourishing. *Emotion*, 16(6), 850.

Post, S. G. (2011). It' s good to be good: 2011 fifth annual scientific report on health, happiness and helping others. International *Journal of Person Centered Medicine*, 1(4), 814-829.

2 Raposa, E. B., Laws, H. B., & Ansell, E. B. (2016). Prosocial behavior mitigates the negative effects of stress in everyday life. *Clinical Psychological Science*, 4(4), 691-698.

3 歌曲：《心呼吸》：詞：鄭櫻綸：曲：鄧智偉：主唱：林峰

tip 24

感恩的心，感謝命運

練習感恩，每天也有值得感謝的事情

在網絡上看過一個故事：年輕人畢業後去一間大公司應徵經理職位，由於他的成績優秀，面試表現出色，所以順利通過首幾輪面試。在最後一輪面試時，董事長想多了解他的家庭背景，他便將自己的背景娓娓道來：自小父親離世，母親身兼父職，替人洗碗來賺錢養家，為他供書教學……年青人發現自己羞於啟齒，因為他覺得自己很不幸，家庭不完整，家境又清貧，雖然現在即將開展人生另一個階段，但回想過去仍然不禁悲從中來。

董事長聽後，問年輕人有沒有幫媽媽洗過碗，年輕人說沒有，因為媽媽想讓他專注讀書。董事長遂要求年輕人回家給母親洗一次手，翌日再來見他。

年青人原以為這是輕而易舉的事，豈料當他仔細看母親雙手時，不禁潸然淚下，因為他第一次發現母親雙手長滿老繭，手上的傷口在碰到水時令她疼得發抖。年青人初次明白到，自己能夠順利畢業，是母親每天用血汗換來的。他給母親洗完手後，一聲不響地把剩下的碗碟都洗了。

翌日，董事長問年輕人有何感受，他說：「我一直只知道自己的人生有很多辛酸和不幸，原來這種想法蒙蔽了我的雙眼，讓我看不見我已經擁有的美好事物，原來我忽略了媽媽對我的愛如何成為支撐我的力量。很感謝您的考驗啟發了我，讓我明白甚麼是感恩，我體會到自己的人生當中其實已經得到了一些幸福。無論我是否獲得取錄，學會了感恩是我今次面試最大的收穫。」

小時候，我們只要有一塊蛋糕、一件玩具，便可以樂上半天。長大後，我們不再這麼容易滿足，我們會為自己定下很多準則去衡量一件事的價值，不斷追求一些未得到的東西。同時，卻忽略自己已擁有的東西，又或者對所擁有的東西習以為常，甚至認為是理所當然，而不懂欣賞這些微小但實在的美好。

正向心理學的研究發現[1]，常懷感恩心的人擁有更多愉快正面的情緒，不容易受負面情緒的影響，當遇上壓力或低潮時，也較容易復原和調適。

在靜觀練習中，我們學習如何專注及接納自己當下的體驗，學習對所有人抱持關懷的態度，包括對自我的關懷。如實地覺察自己的生活，就算在困境中，我們也可好好欣賞生命中美好的面向並感恩。只要懷著「感恩的心，感謝命運」，即使「花開花落，我一樣會珍惜」[2]。

330 好習慣：
每天進行感恩練習（覺察）

感恩是要練習的，而且最好每天都進行，使之成為習慣。練習感恩的方法很多，例如每天寫感恩日記，寫下當天順利和快樂的事，也可以寫信給想感謝的人，甚至親身拜訪及向他們道謝等。日常生活中，我們都可以常常回想一些小事並感恩，滋養自己的心靈。大家也可以嘗試以下的感恩練習，學習培養感恩的心。

感恩練習

1 McCullough, M. E., Emmons, R. A., & Tsang, J. A. (2002). The grateful disposition: a conceptual and empirical topography. *Journal of personality and social psychology*, 82(1), 112.

2 歌曲：《感恩的心》；詞：陳樂融；曲：陳志遠；主唱：歐陽菲菲

tip 25

先善待這身體，靈魂才相遇

善待身體，聆聽身體誠實的聲音

「甚麼時候您才讓我休息一下，您看，肩膀都硬如盔甲了！」「我真的很累了，眼睛都通紅了，您還要繼續工作嗎？」「腰背很痛了，都叫您坐得太久便要走動一下啦！」誰會經常這樣提醒我們？當然是我們的最佳伙伴——身體。身體其實經常跟我們說話，給我們很多信號，例如肩膀痛、頭痛等，只是很多時候我們做事都很機械化，不知不覺地沒有留意當下，或者被思想牽引到其他地方去，以致忽略了這些信號，而未能好好照顧自己的需要。

美國哲學家愛默生說：「健康是人生的第一財富。」擁有健康的身體，我們才可追求其他事物，更可況身體會跟我們相伴一生，若身體垮了，就算是再親的家人，都無法替自己承受身心的痛楚，更可能為他們帶來痛苦。在困難的時候，我們可能會將注意力放在如何可以儘快解決問題、逃避問題上，或是捲入情緒當中，而忽略身體的需要。然而正正就在這個作戰時刻，我們更需要善待身體這個戰友，才有能力去應對當前的問題。

善待身體可以從外及內在兩方面著手。外在方面，經過一整天的忙碌，可以給身體一些放鬆的時刻，好好照料一下疲倦的身軀：敷個面膜，令自己保持容光煥發；洗個暖水澡，紓緩緊繃的肌肉和消除疲勞；在家中點燃自己喜歡的味道或有紓緩情緒作用的香薰，在睡覺前讓身體放鬆下來，幫助入睡。

內在方面，我們必須有足夠的休息，保持作息的平衡。在日常生活的每個時刻、每個細節，我們可以多留心身體的感覺，細心聆聽身體給我們的訊息。有句說話「口裡說不，身體卻很誠實」，身體感覺可以透露我們的真實情緒。身體的反應來得快和直接，例如演講、匯報時，心會自動地卜通卜通跳個不停；緊張時會不能自控地面紅、出汗、發熱；我們有時會拒絕承認自己的感覺，「我無唔開心呀」「唔緊張呀」「我邊有嬲呀」，然而肌肉卻誠實地緊繃起來，眉頭誠實地皺起來，心跳誠實地加快，呼吸誠實地變得急促；又有時候我們說「唔餓呀」「唔累呀」，其實身體已經累垮了。身體感覺是我們了解自己的一道重要的窗口，讓我們更體貼自己當下一刻的需要，更有智慧地回應當下的困難。

事實上，我們需要時間跟自己相處。有些人可能會問：「我每天也會自己吃飯、坐車、看電視，不就是有很多時間跟自己相處了

嗎？」獨處不同於跟自己相處。獨處的時候我們或會進行不同的活動，有些人喜歡呷一口咖啡，有些人會追劇，更多的人會滑手機。然而，跟自己相處是讓自己靜下來，留意自己當下的身體感覺、情緒和想法，那可能是身體疲倦痠痛的感覺、被老闆罵了一頓後的不滿、和朋友相聚後的快樂、被稱讚後的自豪。無論是甚麼反應，它們都是自己的一部分。跟自己相處就是留意、好奇和接納自己當下的任何感覺，無須批判它們的好壞。這樣靜心觀察會讓我們更了解自己，也是關心自己的其中一個途徑。

330 好習慣：善待身體（覺察）

無論是順境或逆境，陪伴我們度過的，必然有身體在內，所以我們必須「先善待這身體，靈魂才相遇」[1]。了解身體的感覺，照顧身體的需要，並透過靜觀讓我們回到當下，專注於此刻的經驗和感覺，我們就可能會有不同的體驗。

1 歌曲：《獨善其身》；詞：藍小邪；曲：鄭楠；主唱：田馥甄

第五章

十年後的我

餐廳A的廚房用上最高級的廚具，頂級的食材一應俱全；餐廳B的廚房中盡是老舊的廚具、最「下欄」的食材，可是餐廳B的生意卻比餐廳A好。

因為食物的靈魂是廚師，一雙巧手能化腐朽為神奇。人生也是一樣。有些人的生命困難重重，但懂得把困難轉化成為學習的機會，讓自己在困苦中成長，過著精彩的人生。

或許，轉化的種子早已在我們心中。這一刻面對著困難的您，會否留意到原來過去的難關讓您的廚藝有所進步，幫助您面對這一刻的熱廚房？您又會如何用此刻生命所給予您的，開始為將來的您烹調一場美味盛宴？

鋼鐵是怎樣煉成的

既然困難無可避免，不如學習面對

二零一四年諾貝爾和平獎得主馬拉拉，為爭取巴基斯坦女性接受教育的權利而遭武裝分子槍擊。她被送到巴基斯坦及英國不同的醫院救治，經過多次大手術後痊癒，並留在英國接受教育。來回地獄又折返人間後，困難並沒有離開她。她除了要適應新生活及接受復康治療外，來自她本國的壓力也沒有消失，甚至在她獲得諾貝爾和平獎後，隨即遭到恐怖組織的死亡恐嚇。可是，馬拉拉依然無畏無懼。她說過：「我可以選擇保持沉默，然後被殺。我也可以選擇勇敢發言，然後被殺。我選擇了後者。」透過與父親一起成立的馬拉拉基金會（The Malala Fund），馬拉拉至今依然致力推動發展中國家的教育發展。

生於澳洲的尼克・胡哲（Nick Vujicic）天生沒有四肢，只有一隻「小雞腿」（左腳掌及相連的兩個趾頭），可以想像尼克的人生充滿困難，受盡不同的折騰。明明智力正常，卻被拒到正常學校上課；小小年紀，還要經常受到同學的奚落。他經常會想：「為甚麼我會這樣？為甚麼我跟其他孩子不同？」更甚者，他看不見自己的未來，內心充滿恐懼，對生命感到絕望，更曾經試過自殺。在家人、朋友及信仰的支持下，尼克學會接納自己，逐漸學懂應付自身的不足，慢慢適應生活。其後他開始實現夢想，通過演講和自己的親身經歷去鼓勵其他人，為他們帶來希望。他鼓勵大家不要把困難看作是麻煩、阻礙，而是把它們看作成自身成長及學習的機會。

作為一個普通人，我們未必會有像馬拉拉或尼克那樣戲劇性的人生經歷。然而每個人在人生旅途中，總會經歷各種大大小小的困難，除了學習如何面對困難以外，我們更可以從困難、打擊中學習和成長。

心理學的研究指出[1]，很多人在渡過了危機及重大的困厄後，生命會經歷正面的轉化，當中包括以下幾方面：

1 擁抱生命中的新機遇——重大經歷過後，價值觀或會有所改變，人生亦可能有新的方向。因此，很多渡過危機的人都會作出個人、興趣或事業層面上的改變；

2 人際關係的改善——經歷重大困難後，與人的連繫感會有所強化，讓人更體會到人際關係的重要性，因而更懂得珍惜眼前人，亦對其他同樣經歷困難的人更有憐恤之情，與所愛的人共處時的愉悅感有所增強；

3 提升對生命的欣賞之情——經歷重大的改變後，人往往對生命中不同事物的優次有新體會、更懂得珍惜過去覺得理所當然的種種，對眼前的一切亦更容易生起欣賞及感恩之情；

4 靈性上的轉變——在困境中對人生的生老病死、無常多變有更深刻領悟，以致更著重心靈上的需要，在靈性上有更深的追求，宗教信念更強化；

5 提升個人的能力感——從渡過難關的過程中意識到自己有能力面對困難，甚至比自己想像中更堅強。

德國哲學家尼采說過：「沒把您徹底擊倒的東西會使您變得更強（What doesn't kill you makes you stronger）。」就好像馬拉拉和尼克一樣，他們不但沒有被危機吞噬，反而能跨越困難，活出精彩的人生。我相信沒有人會喜歡困難、打擊或危機，但既然它們就是會不請自來，世上無人倖免，想趕也趕不走，那何不視它們為磨練鋼鐵般的心志的練習場？「隨著每個打擊」，勇於迎向它們、渡過它們，我們會「變得愈強」[2]；隨著每次在困難中成長，生命的光芒會更耀眼。

1 Tedeschi, RG, Calhoun, LG. (1996) *The Posttraumatic Growth Inventory: measuring the positive legacy of trauma.* J Trauma Stress; 9: 455 - 472.

2 歌曲：《鋼鐵是怎樣煉成的》：詞：黃偉文；曲：Vincent Chow@sense；主唱：何韻詩

這封信如明亮大鏡，這封信能明白自己

困難後，收穫更好的自己

早前看過一則新聞，有網友在討論區上，分享自己十年前一封「給未來的自己」的信。這位網友在整理房間時無意中發現信件，打開後，少年回憶瞬間湧上心頭。信中的她問自己有否考上音樂系，又勉勵自己要成為有理想的人。網友看完後，腦中不斷回閃這十年來自己經歷的種種，於是決定回信給十年前的自己：

「十年說長不長說短不短，期間也發生了很多事情，不過在一些事情發生後也蛻變成長了，在挫敗中找尋另一個新的開始，在低潮時是誰願意待在我身邊，在路上是失敗教會了我該改變，在成就達成時不忘自己的初衷，是誰的一句話點醒了迷失的我，是誰在我的夢想路上支持著我，這些點滴都是我成長的養分。」

她感謝十年前的自己不斷努力，成就了今天的自己，也實現了夢想，成為了音樂老師。她更寄望自己未來十年繼續追夢，繼續活得精彩。這個帖文字裡行間充滿激勵的能量，令不少網民深受感動。

就像這位女網友、上一篇提及的馬拉拉和尼克，以及世界上眾多經歷危機但沒被困難擊倒的人所經歷的一樣，每次渡過了困難，我們都從中學習到應對困難的方法，讓自己的生命有所成長。回望過去的人生路上所經歷的挫敗和挑戰，有甚麼經驗、應對方法、智慧的提醒，可能對正在面對困難的您會有幫助？或許十年前的您沒有像女網友般留下信件給自己，您也沒有叮噹或多啦Ａ夢（視乎您的年紀吧！）的時光機可以回到過去，但您有的是回憶。您所經歷過的，或多或少都留在心中吧？何不讓自己先進行自己喜歡的靜觀練習，讓心神穩定下來，然後如果合適的話，沉思過去某段困難的時光，讓那段時光的時間、地點、人物、事件、引發事件的原因，以及事件帶來的結果，在心中以慢鏡重播，彷彿身歷其境，在心中回到過去。然後，將以下的問題逐一放在心上，看看內心有何回應，有甚麼答案在心中浮現？

1 在這困難的時候，我做了一些甚麼事情，會讓心情較為平靜，感到舒暢一點？
2 我做了一些甚麼事情，讓我應對了這個困難，渡過這次難關？
3 別人做了一些甚麼事情，幫助我應對了這個困難，渡過這次難關？
4 這段困難的時期，有否讓您以不同的角度看待生命，對人生有新的領會？

過程中，不需要苦苦思量，也不要強求答案，只需要在寧靜的沉思中等待回應。或許，內心的智慧能為您帶來適切的提醒，有助您應對眼前的難題。內心所浮現的想法也可能與當前的困難毫不相關，甚至沒有任何答案浮現，這都不要緊，只需要不時將這些問題放在心中，到了真的需要的時候，內心的智慧自然會為您帶來適切的回應。

如果正面對困難或已過渡難關的您願意的話，也可以在靜觀練習後，細心地回想這次難關的始末和箇中經歷，將以上的問題放在心上，靜待內心智慧的回應。然後，可以向女網友學習，為十年後的自己寫一封信。在信中可以記下您在這次困難中的經歷與學習，當中亦可以包括以上四個問題的答案。寫的時候，盡可能以溫柔的筆觸、喁喁的細語、摯誠的叮嚀去書寫，彷彿為十年後的您寫一封情書。過程中可以繫念著十年後的自己，想像十年後手持這封信回想今天的自己，從今天的艱難、今天的努力學習，感謝著今天的自己為了成就未來那個自己而付出的努力。

「寫封信來留住大志，寫封信來提示自己」[1]，利用文字記錄現在，展望將來，或許可以幫助現在的自己整理思緒，也可提示未來的自己不要忘記目標和初衷。十年後再翻看這封信，也許我們都發現當天的困境只是短暫的桎梏，而我們從中所學習到的經驗，卻是一輩子受用的。

1 歌曲：《給自己的信》；詞：周耀輝；曲：Angela Aki；主唱：鍾舒漫

我天天練習

每日練習，生命在不知不覺中轉化

會執起此書細心閱讀至最後一篇的您，或許正面對著人生的困難時期，希望得到一些提醒；又或者剛剛走過了人生的難關，希望閱讀相關主題的書本，刺激自己去反思；又或許現時的人生風平浪靜，但早已明瞭人生免不了困苦，期望從本書中學習迎向將來的挑戰。

我們當然希望本書能回應您的期望，但我們也深知道單單閱畢這本書並不會為您帶來任何改變。原因是靜觀覺察、對自己的慈愛，以及回應困難的智慧，並不能只從閱讀得來，而是要靠著在生活中實踐及持之以恆的練習，一點一滴的累積、培養而來。因此，我們很希望您能參考本書的建議，對應個人的喜好與需要，重整您的生活，迎向隨時出現的挑戰，又或是讓您在當前的困難中更好地照顧自己。

如果覺得合適的話，可以先進行自己喜歡的靜觀練習，讓心神穩定下來。然後，帶著一顆照顧自己的心，將以下的問題逐一放在心上，看看內心有何回應？有甚麼答案在心中浮現？

1 我願意如何持續地練習靜觀，包括正式的練習課程及非正規的練習？在甚麼地方、哪個時間、做甚麼練習？

2 在我的生活之中，有可能減少一些耗損的活動嗎？是甚麼活動、如何減少呢？

3 在我的生活之中，可以加添一些滋養活動嗎？是甚麼活動？可以在甚麼地方、哪個時間進行？多久進行一次，每次用多少時間？

切記不用強逼答案出現，就算沒有任何答案出現，也不用勉強。反正這是一生都要持續學習的功課，又何需在乎這一時三刻？只要您願意，總可以再沉思這幾個問題，靜待內心智慧的回應。如果內心有任何提醒，又覺得合適的話，可以記在下表中：

大偵探福爾摩斯
密函失竊案 9

原著／柯南・道爾
（本書根據柯南・道爾之《The Second Stain》改編而成。）

改編&監製／厲河　　繪畫&構圖編排／余遠鍠

封面設計／陳沃龍　　內文設計／麥國龍　　編輯／蘇慧怡

出版
匯識教育有限公司
香港柴灣祥利街9號祥利工業大廈2樓A室

承印
天虹印刷有限公司
香港九龍新蒲崗大有街26-28號3-4樓

發行
同德書報有限公司
九龍官塘大業街34號楊耀松（第五）工業大廈地下
電話：(852)3551 3388　　傳真：(852)3551 3300

第十次印刷發行　　2018年9月

ISBN:978-988-77494-6-2
港幣定價 HK$60
台幣定價 NT$270

1 追兇20年

福爾摩斯根據兇手留下的血字、煙灰和鞋印等蛛絲馬跡，智破空屋命案！

2 四個神秘的簽名

一張「四個簽名」的神秘字條，令福爾摩斯和華生陷於最兇險的境地！

3 肥鵝與藍寶石

失竊藍寶石竟與一隻肥鵝有關？福爾摩斯略施小計，讓盜寶賊無所遁形！

4 花斑帶奇案

花斑帶和口哨聲竟然都隱藏殺機？福爾摩斯深夜出動，力敵智能犯！

5 銀星神駒失蹤案

名駒失蹤，練馬師被殺，福爾摩斯找出兇手卻不能拘捕，原因何在？

6 乞丐與紳士

紳士離奇失蹤，乞丐涉嫌殺人，身份懸殊的兩人如何扯上關係？

7 六個拿破崙

狂徒破壞拿破崙塑像並引發命案，其目的何在？福爾摩斯深入調查，發現當中另有驚人秘密！

8 驚天大劫案

當鋪老闆誤墮神秘同盟會騙局，大偵探明查暗訪破解案中案！

9 密函失竊案

外國政要密函離奇失竊，神探捲入間諜血案旋渦，發現幕後原來另有「黑手」！

10 自行車怪客

美女被自行車怪客跟蹤，後來更在荒僻小徑上人間蒸發，福爾摩斯如何救人？

11 魂斷雷神橋

富豪之妻被殺，家庭教師受嫌，大偵探破解謎團，卻墮入兇手設下的陷阱？

12 智救李大猩

李大猩和小兔子被擄，福爾摩斯如何營救？三個短篇各自各精彩！

13 吸血鬼之謎

古墓發生離奇命案，女嬰頸上傷口引發吸血殭屍復活恐慌，真相究竟是……？

14 縱火犯與女巫

縱火犯作惡、女巫妖言惑眾、愛麗絲妙計慶生日，三個短篇大放異彩！

15 近視眼殺人兇手

大好青年死於教授書房，一副金絲眼鏡竟然暴露兇手神秘身份？

16 奪命的結晶

一個麵包、一堆數字、一杯咖啡，帶出三個案情峰迴路轉的短篇故事！

17 史上最強的女敵手

為了一張相片，怪盜羅蘋、美艷歌手和蒙面國王競相爭奪，箇中有何秘密？

18 逃獄大追捕

騙子馬奇逃獄，福爾摩斯識破其巧妙的越獄方法，並攀越雪山展開大追捕！

19 瀕死的大偵探

黑死病肆虐倫敦，大偵探也不幸染病，但病菌殺人的背後竟隱藏着可怕的內情！

20 西部大決鬥

黑幫橫行美國西部小鎮，七兄弟聯手對抗卻誤墮敵人陷阱，神秘槍客出手相助引發大決鬥！

21 蜜蜂謀殺案

蜜蜂突然集體斃命，死因何在？空中懸頭，是魔術還是不祥預兆？兩宗奇案挑戰福爾摩斯推理極限！

22 連環失蹤大探案

退役軍人和私家偵探連環失蹤，福爾摩斯出手調查，揭開兩宗環環相扣的大失蹤之謎！

重整生活小計劃

項目	內容	時間和地點
我所選擇持續進行的靜觀練習	正式練習 / 課程： 非正式練習：	
我會減少的耗損活動		
我會增加的滋養活動		

完成後，如果合適的話，可以再次合上眼，帶著照顧自己的心，沉思以下問題：在未來的一星期，如果只進行一項小改變，讓我開展重整生活的計劃，這項小改變會是甚麼呢？可以在甚麼地方、哪個時間進行？多久進行一次，每次用多少時間？

切記：千里之行，始於足下。就算每天只花少許時間去作出一個小改變，去好好照顧自己的身心靈，也可以是重整人生的重要一步。如果喜歡的話，可以簽署 dayday330 約章，承諾自己「我天天練習」[1]，每天用一點時間好好照顧自己身心靈 (https://dayday330.newlife330.hk/#supportDay)。或者可以將計劃記下來，承諾自己在未來一周作出一個小改變，去照顧自己吧！

天氣，總會有不似預期的時候，沒有人能免於人生的困難與挑戰。如果我們在風平浪靜之時，已透過恆常的靜觀練習去訓練覺察力，培養智慧與慈愛，那麼在面對著風高浪急的處境之時，我們會更懂得帶著一顆照顧自己的心，不在苦上添苦，甚至懂得在苦中加點甜，讓自己在苦中亦能笑著滿足。

無論您現正處人生的高峰還是低谷，都祝願您平安、快樂、健康、活得自在。

1 歌曲：《練習》；詞：王裕宗、李安修；曲：黎沸輝；主唱：劉德華

未來一周小改變

我願意在未來一周，即______年______月______日至

______月______日 期間，至少______次，每次______分鐘，

在____________________進行以下的改變：

____

____

____

這是我對生命中最重要的人──自己──所許下的承諾。

簽署：____________________

日期：____________________

人生的痛，其實沒有那麼苦

世界不像預期，「靜觀」其變，重整生活

作　　者　新生精神康復會
責任編輯　吳愷媛
書籍設計　Kaman Cheng

蜂鳥出版
HUMMING PUBLISHING
在世界中哼唱，留下文字迴響。

出　　版　蜂鳥出版有限公司
電　　郵　hello@hummingpublishing.com
網　　址　www.hummingpublishing.com
臉　　書　www.facebook.com/humming.publishing/

發　　行　泛華發行代理有限公司
印　　刷　同興印製有限公司

初版一刷　2020 年 11 月
定　　價　港幣 $98　新台幣 $430
國際書號　978-988-75052-1-1